Dionisio Romero Gutiérrez

El rosario como escala celestial

Profetismo, sacerdocio y realeza

IMPRIMATUR
Diócesis de Coria-Cáceres
Noviembre 2021

Láminas: Goswijn van der Weyden

Las citas de la Biblia de la edición de Monseñor Doctor Juan Straubinger. Traducción directa del griego y el hebreo.

Publicado por *Shoreless Lake Press*
P.O. Box 157
Stewartsville, NJ 08886

ISBN: 978-1-7322886-9-0
LCCN: 2021923266

Índice general

Este libro está dedicado a la memoria de nuestra querida amiga Concha Labarta, que unos días antes de morir me pidió que escribiera para honrar los jardines secretos del cristianismo.

El rosario como escala celestial.
Terminado en el verano de 2021.

"Pues para esto trabajamos y luchamos, porque ponemos nuestra esperanza en el Dios vivo".
1 Tim 4, 10
"Y sucedió que, mientras Moisés tenía alzadas las manos, prevalecía Israel; pero cuando las bajaba, prevalecía Amalec".
Ex 17, 11

Este trabajo nace como solicitud de la *Militia Tabernáculi*[1]. Su autor lo escribe con sobrecogimiento y prudencia, por su pretensión de dar testimonio, de las gracias y auxilios que nuestro divino maestro nos ofrece para perfeccionar nuestra naturaleza.

---

[1]**Militia Tabernaculi**: Nació en el día 17 de febrero de 2018, alrededor de siete laicos de España y Portugal, con la misión de reparar y custodiar con su oración los sagrarios. Cada miembro se comprometió a velar, por lo menos una hora un día de la semana, con el fin que todos los días alguien estuviera despierto ante el Señor. Su patrona es la Mater Dolorosa y su inspiradora la beata Alexandrina. Su lema "*el celo de tú casa me devora*"(Salmo 69).

Su intención es hacer un itinerario quinta esencial, del método del rosario, atendiendo a su forma, número, misterio y contemplación. Convencidos que este modesto instrumento, esconde un gran tesoro para la vida cristiana. Que contiene tal poder de perfección, que seguramente la Santísima, lo instituyó para ser la oración profética de los últimos tiempos, de la hora undécima de nuestro siglo.

Pensemos cómo la Madre de Dios, se presenta en las apariciones de nuestra época, con el arma de pureza del rosario. Recordemos, que la Madre de la Palabra, que permanece casi muda en el Evangelio, nos habla con elocuente apremio en los tiempos actuales. Ella nos tiende, con sus rosas de misterio y esperanza, una cuerda de salvación, un itinerario para regresar a la Palabra, una rosa abierta para ofrecer al Esposo, un jardín escondido para cultivarnos y para encontrarnos como Iglesia.

Presentación

El rosario como Militia celestial.

"*Porque me devora el celo de tú casa*" Sal 68.

El Santo Rosario tiene su origen reconocido, en las revelaciones que tuvo Santo Domingo de Guzmán en el siglo XII, donde la misma Virgen María, le mostró la práctica y su función devota. Desde este origen, su recitado ha estado vinculado al carácter combativo del cristiano, contra la herejía y el Enemigo; como "*arma poderosa contra los enemigos de la fe*" según las palabras que la Santísima transmitió a su santo.

Con esta intención la utilizaron las tropas que combatieron contra los cátaros, como en la batalla de Muret del 1.013, donde 800 caballeros cruzados derrotaron a un ejército de más de 30.000 albigenses, después de una vigilia de oración. Acompañó a las tropas en la famosa batalla de Lepanto de 1571, donde en combate también desigual, se puso en juego el futuro de Europa y de la religión cristiana, o por citar otro ejemplo célebre, la victoria del rey polaco Jan Sobieski en septiembre del año 1716, que entró en armas el día del Santo Nombre de María y levantó el cerco que tenían los turcos sobre Viena. Desde estas victorias —como reconocieron los Papas Pio V, Gregorio III o Clemente— este modesto objeto de oración, ha sido considerado un arma sobrenatural y así ha acompañado a los fieles en las trincheras de las guerras modernas, o en las batallas anónimas, donde los fieles buscan defender su fe, la Iglesia o su patria. Finalmente, es una poderosa arma espiritual en la intimidad de cada creyente, que se enfrenta cada día, al combate no menos heroico, de alumbrarse en un camino sitiado por tres formidables enemigos o "*gigantes*" como los definió San Gregorio el Sinaíta: "*el olvido, la pereza y la ignorancia*".

Recordemos cómo la Virgen en Fátima, se presenta en medio de una gran guerra y nos advierte que se cierne sobre Europa, la sombra de otra peor, a no ser que seamos capaces de aceptar y comprender la sabiduría divina de su Hijo, de abrir un claro de mansedumbre entre la floresta hiriente de nuestras pasiones, de elevarnos hacia los mundos invisibles, de convocar el valor primordial para recuperar una inocencia perdida y ofendida. La Virgen del Rosario nos apela a la conversión y el arrepentimiento, como en las primeras palabras conocidas por su Hijo en el Evangelio. Nos dice que el mundo, todo el mundo, descansa sobre las rodillas genuflexas de esos niños graves y excepcionales de Portugal, que cada creyente, incluso el más escondido e imperfecto, tiene en su corazón un abismo inmenso que puede transformar la historia del hombre y conmover a los coros angélicos, que, en cada corazón humano, dilatado por la oración y la vida sacramental, puede inhabitar lo inconcebible: la Trinidad fundante.

Ella nos implora este esfuerzo, porque la "*milicia es la vida del hombre sobre la tierra*" Job 7, 1. Nos revela que toda la creación, se mantiene unida en el corazón de cada creyente, y todo resuena en todo: "*Al mundo entero, compuesto de partes desemejantes, lo unió Dios con vínculos de indestructible amistad, en una comunión y armonía, de modo que incluso los seres más distantes entre sí por constitución, parecieran estar unidos por la simpatía" (Hexamerón, Basilio de Cesárea)* Esta "*simpatía*" transciende los mundos naturales, como nos enseña la doctrina de la Iglesia, y se muestra en realidades escatológicas, tan inefables; como la comunión de los Santos, las luces y mensajes angélicos, las relaciones entre iglesia militante, purgante y triunfante y como señalamos antes, el misterio sobre todo misterio, la inhabitación trinitaria en el corazón humano.

Así el paso de los nudos o pétalos del rosario, entre las manos de cada orante, nos hace miembros activos del cuerpo glorioso de nuestro Salvador, que en cada cuenta que pasamos, podemos escuchar cómo "*la creación entera gime a una y a una está en dolores de parto*" (Romanos 8, 22) que en cada Ave María sucede el milagro de profeta: " *Y sucedió que, mientras Moisés tenía alzadas las manos, prevalecía Israel; pero cuando las bajaba, prevalecía Amalec*" (Ex 17, 11) Porque la Virgen María nos pide ayuda para sostener, junto a ella, el brazo de justicia de Dios, como expresó con elocuente urgencia y tristeza en las revelaciones privadas de la Sallette.

Este levantar el brazo para la salud del mundo, en el combate contra el Mal, es la tarea central del rosario, que une y ata con su cuerda a todos en el Todo, que esconde en su *hortus conclusus**, donde crecen las rosas que dan nombre al rosario, el libro Desvelador, el Nombre pentecostal, el lecho velado del Esposo; lugar privilegiado donde se puede alcanzar, el estado que nos haga comprender esta extraña confidencia en boca de la esposa del Cantar de los Cantares: "*Yo duermo, pero mi corazón vigila*" (Ca 5, 2).

Los nombres, la revelación y la tradición

El rosario ofrece en su despliegue, un desarrollo correlativo y orgánico, que va desde los Nombres seminales, a las palabras reveladas y la responsabilidad temporal por el mundo y sus difuntos, por los vivos y los muertos. Así con el Nombre de María y de Jesús, que son la síntesis de todo este método, se hace brotar una oración que reproduce las palabras que salieron de la boca del Arcángel y de santa Isabel. El alma se reviste con los misterios de cada una de las escenas que se van desplegando, en un viaje interior y al mismo tiempo meta-histórico; dado que estamos allí, en el acontecimiento que sucedió, y estamos aquí, en el acto gnóstico[2] de conmovernos y purificarnos.

El rosario es un evangelio resumido en 15 estaciones, una catequesis donde se "*crucifica y resucita la inteligencia*" en palabras de Oliver Clement, y un retorno al secreto oculto de lo Divino.

---

[2]Ver en el glosario el uso acorde con los Padres de la Iglesia, que el autor hace de esta palabra.

El Nombre

Todo el rosario está contenido en la sucesión del nombre de María al nombre de Jesús, que son metafísicamente; el tránsito de la substancia del mundo, que retorna a la Esencia fundadora. La Virgen corona de todo lo creado y de los mundos del Ser, nos interna con su mano mediadora, en el recuerdo del creador y en la conciencia de nuestra personalidad herida. Con esto, el rosario se pone en relación con la oración universal del Nombre; con la práctica más sencilla y más profunda del diálogo humano-divino, que es nombrar a quien se invoca, por la palabra que lo acerca y lo desvela.

En un nivel más profundo, Dios se nombra a sí mismo, en el temblor nominativo de Jesús, gracias al amor donante y participativo de su Madre, con ello se nos permite ahondar en el potencial celeste de lo filial, hasta su fuente: donde la Semejanza Inmaculada que es María, se funde en la Imagen que es el Hijo.

Todo el rosario descansa en estos dos nombres. La "*nueva Eva*" y el "*nuevo Adán*" y ambos, se ofrecen a lanzarnos un cabo donde agarrarnos, para salir de la corrupción y la muerte. Este cabo con nudos, donde asirnos y sostenernos, es el rosario. Por eso, en la recitación del rosario, conviene hacer un silencio suspendido, una breve genuflexión en el alma, cada vez que estos nombres aparecen, como si avivásemos en el horno de nuestro corazón su aparición, o lo celebrásemos con la inocencia del primer descubrimiento.

El cristiano se encuentra con el Nombre de Dios en Jesús; el nombre ya olvidado de la tradición judía, aquel que nos dice su tradición, que solo se decía en la fiesta de Yom Kipur y que con el tiempo olvidaron u ocultaron intencionadamente las vocales, para que nunca fuese pronunciado hasta la venida del Mesías. Pensemos en la grave y conmovida importancia que daban a este Nombre nuestros patriarcas y no dejemos que se erosione con tibieza en nuestra boca, cada vez que aparece en la oración. Pensemos que María, en el momento que dijo "*Hágase tu voluntad*", nos ofreció a todos participar en el misterio de la encarnación, y que, gracias a su anonadamiento y perfección, se ofrece a nosotros también esta participación divina, este manjar en la carne y la sangre de nuestro Salvador, esta eucaristía espiritual.

Padrenuestro

Cada estación es precedida, por la oración central del cristianismo, que nos fue revelada por Jesucristo. Esta oración, ha sido sapiencialmente comentada por grandes santos y doctores de la Iglesia, y no es intención de estos textos entrar en su contenido, sino meditar sobre su función sacra en el rosario, o si se prefiere, sobre su cualidad jerárquica; en la escala de elevación que cada misterio o estación muestra al orante.

En relación al Nombre, el Padrenuestro nos recuerda que este debe ser santificado y en boca del propio Jesús, glorificado: "*Padre glorifica tu Nombre*" (Juan 12, 28). Pero esta acción se hace mediante la mediación del Hijo, dado que "*nadie conoce bien al Hijo sino el Padre*" (Mateo 11, 27) y la gloria que se manifiesta en el Padre, es justamente la donación sacrificial de Jesús. Nombre que, en esta relación de donación y mediación filial, se nos muestra en cuanto a su función creadora: ser padre.

El Nombre propio del Padre permanece oculto, escondido "*Yo he manifestado tu nombre a los hombres que me has dado (apartándolos) de este mundo*" (Juan 17, 6) En la impresionante revelación de la zarza ardiente, ante Moisés, Dios se hace llamar *Ehyeh Asher Ehyeh*, expresión de controvertida traducción, que en general, en la tradición cristiana, ha quedado como YO SOY EL QUE SOY. Para las traducciones griegas quedaría como YO SOY EL SER, aunque nuestra concepción del ser, es ajena al hebreo de la Torá, donde habría que traducirlo mejor por estar o por acontecer; algo así como SOY LO QUE ACONTECE/ACONTECERÁ. Para complicar más la traducción, en el hebreo de la Torá, no se usa el tiempo presente, dando a esta expresión nominativa, un dinamismo que abarca el presente nombrando el futuro. Sea como fuere, sí que se puede aceptar que la manera en que Dios se nombra o se da un nombre, nos invita al asombro y la piedad, dado que, ante ÉL, se está en contacto con lo infinito, ante lo que trasciende el tiempo y el espacio. Es tan radical este Nombre, que Moisés se descalza y Jesús confirma que, al ofrecer este misterio a sus discípulos, han quedado "*apartados*" del mundo. Apartarse del mundo, es lo que hace un creyente cuando reza el rosario y de esta forma, animado por la Gracia, puede encontrarse con un mundo nuevo, como si fuera un "*vino nuevo*". Esto queda recordado o mejor actualizado, cuando en el Padrenuestro decimos "santificado sea Tú Nombre".

También se puede inferir que el Nombre ha quedado reservado a sus discípulos, algo que no es de extrañar, dado que como judíos participan de una tradición del nombre impronunciable, y se sabe que Jesús tuvo que aplicar toda su autoridad para que ellos se atrevieran a decir *abbá* en esta oración. Algo que para ellos les debió resultar chocante y temerario, por su familiaridad e incluso vulgaridad —*abbá* es la forma corriente y cariñosa de nombrar al padre de uno—. Tenemos pues una doble realidad del Nombre, que es la gran originalidad del cristianismo; un nombre que se abaja hasta la exclamación con que un niño llama a su padre, y un nombre oculto en esa "*nube de no saber*" o tabernáculo inviolable.

En la traducción de Straubinger, se aprecia con claridad que este nombre que Jesús les muestra, es una espada con doble filo; por un lado, tiene el poder de separarnos del mundo, y por otro, de producir una hierogamia* espiritual. Este es en definitiva el poder místico del Nombre.

La intuición judía sobre el nombre oculto, es útil para mantener al Absoluto en un rango de inaccesibilidad. Esta herencia se mantiene y al mismo tiempo se deroga, cuando se desvela el profundo misterio trinitario del cristianismo; donde se preserva la ininteligibilidad sacra, en el nombre escondido de la Unidad, y al mismo tiempo la divinidad se revela con el nombre del Hijo.

En cuanto Dios se hace hombre, tiene un nombre propio. En cuanto Dios, se oculta en su *tiniebla,* lo conocemos por sus actos, sus mensajes, las huellas que va dejando en la subida apofática* a la cumbre de su monte santo, que es siempre una doble cumbre: Gólgota y Tabor, lo nombrado y lo innombrable, lo revelado y lo oculto. Allí, en el Gólgota el "*nombre es gloriado*", y esta gloria, es la resurrección y desde Pentecostés, los discípulos de Cristo, pueden en el Nombre separarse del mundo, y acceder a la nueva Jerusalén. Pueden bautizar, obrar carismáticamente y finalmente, con la gracia operante de la oración y de la eucaristía, abrir una tienda en el monte Tabor.

Esta posibilidad real, este *sacramentum** de la palabra, está sellado en el Padrenuestro y por eso en cada misterio del rosario, que es en definitiva una estación espiritual, una ascesis o escala celestial, se precede por su recitado. Cuando decimos el Padrenuestro, franqueamos el umbral que nos legitima a beber del "*agua que saltará a la vida eterna*", y de lo más profundo de su significado brotarán ríos de agua viva. Siempre con la condición necesaria de nuestra sinceridad, y que el Espíritu como un don gratuito, nos conceda que el misterio contemplado realice su virtud. Allí entramos acompañados por la Esposa siempre Virgen, en la recitación y contemplación de los Aves María.

Ave María

En esta sucesión de mediaciones jerárquicas, donde la inteligencia es iluminada en su ascenso, nos encontramos con la oración Mariana, que viene confirmada en su legitimidad por dos testigos. En la primera parte: "*Ave María, llena eres de gracia*" habla el ángel, en la segunda parte: "*Bendita tú eres, entre todas las mujeres y bendito el fruto de tu vientre: Jesús*" habla santa Isabel inspirada por el Espíritu. Este doble testimonio, nos da seguridad para entrar por imitación y encantación repetitiva, en la teosis*, en el corazón del engendramiento en nosotros mismos de Dios. Según la fórmula patrística que nos confirmó San Irineo "*para que el hombre al entrar en comunión con el Verbo y al recibir así la filiación divina, se convirtiera en hijo de Dios*".

Pero la sabiduría y la prudencia antropológica de nuestra tradición, añadió al Ave María, una solicitud que es perfectamente necesaria y oportuna: La conciencia de que somos pecadores y la súplica por la intercesión de nuestra salvación hasta la hora de la muerte. Sin esta toma de conciencia de nuestra pobreza y dependencia, el rosario podría caer en la autosuficiencia, y se perdería un aspecto definitivo de toda gnosis y de todo realismo antropológico. Esto es, la dimensión de examen de conciencia, de arrepentimiento, inherente al discernimiento espiritual y su ascesis. Si en la primera parte destaca el Amor y el encuentro con el misterio, en la segunda se impone el Temor y la humildad. En el Ave María se encuentra el hombre, cada hombre en su pobreza, enfrente del abismo que salva.

El objeto del rosario

El objeto que sirve de soporte a esta devoción, tiene que ser coherente con su uso y significado, como toda obra de función religiosa. En el rosario deben resonar sus secretos, dado que en toda tradición espiritual los objetos llevan un simbolismo inteligible.

Esta intuición se demuestra en el uso talismático del rosario, que muchos cristianos cuelgan en su cuerpo o suspenden en coches y casas a modo de protección. Se le presupone un influjo o poder, y en las ciencias sagradas, para que esta función sea operativa, deben cuidarse todos sus detalles morfológicos y constitutivos.

Veamos concisamente dos de estos simbolismos:

La forma y el número

Todos los rosarios de nuestra tradición, se presentan geométricamente como una espiral, al incluir el tallo donde pende siempre unas cuentas junto a la imagen de la Virgen María o la cruz, este tallo vertical rompe la circularidad. Los rosarios orientales, son circulares, al representar su propia metafísica del Eterno Retorno o los ciclos del *Saṃsāra**.

La Cruz representa el centro, las cuentas se despliegan primero verticalmente en el tallo, y luego en el círculo de los misterios.

La espiral nos pone en relación con las ideas de despliegue, causalidad y centralidad. Se relaciona simbólicamente, con el crecimiento y expansión de lo creado —despliegue—. También nos pone en relación con la sucesión causal, pero en un proceso creativo y generativo, que no se encierra en la circularidad del tiempo oriental. La espiral nos muestra un alpha y un omega —luego un principio y un fin— aspecto que señala, una existencia no condenada a retornar al mismo origen, sueño que está en la base de las religiosidades paganas y de los sistemas más duramente deterministas. Finalmente, decimos que es un símbolo de centralidad —toda espiral nos lleva a un centro— y esta es la labor de la Gracia, que, como un astro, atrae y transforma los contenidos y valores de nuestra personalidad.

El rosario tiene a su vez cuentas y un hilo que las une; representando la relación entre trama y urdimbre, en las estaciones espirituales, o bien, los esfuerzos en la Vía —las cuentas— y el sostén ascendente de la Gracia —hilo—.

Sobre el valor doctrinal y espiritual del número, hay que considerar que todo en la creación ha sido "*contado, pesado, dividido*" (Daniel 5, 25). Aunque la Biblia no da un sentido sagrado a los números al modo de la Cábala, o los Pitagóricos, es cierto que estos ocupan un lugar altamente significativo, como los números apocalípticos o el número misterioso, por su precisión inusual, de 153 grandes peces, en la pesca milagrosa de Juan 21, 11. Hay números recurrentes como el 40, rituales y universales como el 3, genéricos como cien o mil. En la patrística se encuentran exploraciones de todo tipo, donde los números ocupan una importancia teológica, como las medidas que da la Biblia para la construcción del arca de Noé. Los números tienen una resonancia universal y en distintas culturas encontramos sentidos parecidos para muchos de ellos. El arte sagrado cristiano, tanto en la escritura de iconos, como la construcción de templos, o en las estipulaciones ornamentales o gestuales de la Santa Misa, se ha servido de los números, como de un lenguaje para transmitir alusiones muy concretas a misterios teológicos o cósmicos.

En el rosario encontraremos también este lenguaje de alusiones: El 1 de la unidad, el 3 de las personas de la Trinidad, el 5 que universalmente se relaciona con el hombre, el 10 que también universalmente sugiere la perfección, dada la condición decimal de nuestro sistema numérico.

Veamos estos números que en el rosario nos remiten a una auténtica catequesis de ritmos y cuentas.

Si multiplicamos las 10 avemarías de cada estación —cumplimiento de cada visión *imaginal**, del orden divino, del decálogo moral— por las 5 estaciones —el número del hombre, las 5 piedras lisas con que David vence a Goliat—, nos da 50 en cada misterio. Este número nos recuerda los días de Pentecostés, y aparece en distintos lugares de la Biblia, para denotar un pago completo, una suma colmada y definitiva, como las cincuenta piezas de plata, que David pagó a Arauna, en la construcción del templo, lo que, trasladado a cada misterio del rosario, nos da una idea de cuenta cerrada y sellada.

Si sumamos las 50 avemarías de todos los misterios nos sale el 150, número este intencionado, dado que, en su origen, el rosario se concibió como una fórmula sencilla, capaz de aprender hasta un analfabeto y que supliese la complejidad de la liturgia de las horas y el recitado de los 150 Salmos. Cada avemaría es pues, una floración prendida en cada Salmo revelado, un canto divino que nace en la casa de David, y anuncia el nacimiento del Mesías. Podemos decir, que cada Salmo, al ser recordado en cada avemaría, se hace fecundo y virginal y nos evoca el misterio de la encarnación.

Finalmente, si a las 150 avemarías del rosario completo, le sumamos las 3 avemarías del tallo, nos sale un número de difícil interpretación y que ha intrigado a doctores y santos; el 153 de la pesca milagrosa que narra el evangelio de Juan. Este número, en el contexto de una pesca que es milagrosa y abundante, se asocia a la salvación o resurrección, a los elegidos o llamados, es la pesca resultado de la presencia del Salvador. Para hacernos una idea de la riqueza de ideas, inherente a este número, sigamos el razonamiento que hace santo Tomás: "*Hay ciento cincuenta salmos, y esto conviene a un misterio, porque este número se compone del setenta y ochenta. Por el siete, del cual toma su nombre el setenta, está significado el curso de este tiempo que se da en siete días; y por el ocho, de donde toma su nombre el ochenta, está significado el de la vida futura. En efecto, según la Glosa, la octava pertenece a quienes resurgen, y significa que en este libro se tratan las cosas que pertenecen al curso de la vida presente y a la gloria futura... Nadie puede llegar a la patria sino por la observación del Decálogo (10), ni puede éste ser observado sino por la septiforme (7) gracia del Espíritu Santo. Pero se lee que la santificación ocurrió por primera vez el séptimo día. Diez más siete son diecisiete (diez son los preceptos de la Antigua Alianza y siete los dones del Espíritu Santo de la Nueva Alianza apuntará San Agustín). Y si uno calcula en un orden de progresión por el que primero tome uno más dos que suman tres; y tres que suman seis, y cuatro que suman diez, y cinco que suman quince, y así sucesivamente sumando diecisiete veces el número inmediato superior, se llega al total de ciento cincuenta y tres. Esto significa que 153 es el decimoséptimo número triangular. Como su inverso, 351, también es un número triangular (suma del 1 hasta el 26) podemos decir que 153 es un número triangular invertible".*

En esta exploración santo Tomás sigue a san Agustín, haciendo una interpretación alegórica. Muy distinta es la interpretación de san Jerónimo, de carácter literal y que aporta otra visión de gran interés. ¿Por qué el Señor quiso que se contasen los peces? Porque este número 153, son todas las especies que existían y ni una más, según criterio de los pescadores palestinenses de aquella época. Así, Jesús al hacer contar los peces a sus apóstoles-pescadores, les dio una lección de gran calado y de fácil comprensión: el Reino es universal y es para todos y cada uno de los hombres que habitan nuestro mundo, a imagen de todas y cada una de las variedades de peces que viven bajo las aguas.

También fueron 153 días los que duraron las apariciones de Fátima, entre el 13 de mayo al 13 de octubre de 1917, donde la Santísima se presenta como Virgen del Rosario. Un dato este que no nos parece casual, y nos pone en relación con la sobrecogedora importancia que ha dado nuestra Madre, al número de avemarías que configuran este instrumento providencial que es el rosario.

Escala gnoseológica*

El rosario reproduce el esquema tradicional de la triple vía o etapas del alma hasta Dios. Esta cartografía se mantiene desde los padres con distintos nombres, en San Gregorio se denominan, siguiendo el ascenso de Moisés: la zarza ardiente, la nube y la tiniebla. En Dionisio Areopagita en un lenguaje más filosófico se denominarán: purificación, iluminación y unión, que trasladado al rosario se concretan en los misterios dolorosos, gozosos y gloriosos. En este trayecto se mantiene una coherencia metodológica y mística, que se relaciona con la Santa Trinidad.

Sobre la dificultad que plantea la inclusión de los misterios Luminosos

La inclusión opcional, como propuso Juan Pablo II, de los misterios luminosos[3], plantea a nuestro juicio, varios problemas que hacen aconsejable no incluirlos en el método del rosario, dado que alteran la correcta relación que hay entre su forma, su número, su dimensión metafísica y aspectos importantes de su enseñanza. Ya en primer lugar, los misterios luminosos, suponen romper con el origen del rosario,

[3] *Rosarium Virginis Mariæ*. Carta apostólica del 2002. Donde Juan Pablo II ofrece "a la libre consideración de los individuos y las comunidades" los misterios luminosos. Su motivación principal fue hacer más presente el "carácter cristológico del Rosario".

íntimamente unido a los 150 Salmos de la Liturgia de las Horas. Con estas nuevas 50 avemarías, nos alejamos de esta interesante relación.

En segundo lugar, porque altera la correcta armonía entre metafísica trinitaria, teología mística y método formal. La división en tres ámbitos, es un acierto de economía espiritual, dado que en este número se plantea la quintaesencia de la doctrina cristiana.

Solo el tres anuncia el aspecto dialogal y creativo entre creador y criatura, dado que en él se supera el monismo del uno, el dualismo puritano del dos y la multiplicidad dispersante del cuatro; al ser este el número de la creación. En el tres conviven el yo, el otro y lo Otro o en otra traslación de significados; el "camino, la verdad y la vida", todo ello expresado con sencillez y coherencia. Además, el tres hace referencia a los tres combates ascéticos para alcanzar al hombre integral: el combate de la carne, el combate psíquico y el combate espiritual. Al incluir un misterio más, se altera la cualidad formal del rosario, sus números y equivalencias. Este aspecto puede parecer menor, pero no lo va a ser nunca en todo arte sagrado que se precie de ser instrumento para revelar lo oculto: ya sea templo, liturgia, iconos, objetos ceremoniales, ropa, etc. Los objetos religiosos deben ser coherentes y resonantes de sentido, sin descuidar los detalles. En todas estas artes, hay geometría, números precisos y simbología, algo que la Biblia nos recuerda que también está en Dios, que tiene todo "*contado, pensado, medido*" Daniel 5, 25.

Recordemos que hemos presentado el rosario como un método para alcanzar la glorificación, la inhabitación trinitaria, esta esperanza se expresa, por mediación de María, en su coronación. Esto nos muestra que la Trinidad es esencial para la meditación y contemplación del rosario. Por eso, hay unos misterios que son específicos del Hijo, que son los gozosos; en ellos somos testigos de su engendramiento sobrenatural, su nacimiento, su vida oculta en esa otra "trinidad doméstica" que son José, María y Jesús. En los misterios dolorosos, somos acompañados por el Espíritu Santo, dado que necesitamos de sus dones y gracias para asumir la cruz y el desafío que supone para cada creyente el sufrimiento y el combate espiritual. Los misterios de Gloria, son donde se manifiesta el Poder del Padre, dando gloria al Hijo con su resurrección y luego a la Madre con su coronación. Ciertamente, donde está una de las Personas divinas, están las otras dos, dada su naturaleza unitaria, pero ciertamente cada Persona tiene su función, sus rasgos y esto también se pone de manifiesto en el rosario. Este es otro elemento, que queda alterado con la inclusión de los misterios luminosos. No porque en estos nuevos misterios no opere la Trinidad, sino porque al pasar del tres al cuatro se altera la estructura del rosario, y se difumina esta función —en el ámbito de lo sagrado, la forma y la función deben ser congruentes y elocuentes, añadiríamos que también en el ámbito profano, aunque en nuestro siglo se ha perdido esta ciencia—.

También encontramos en el rosario una resonancia antropológica, que alude al hombre en su perfección cristiana. En el bautismo somos injertados, con los tres caracteres que definen el sello de nuestra semejanza divina: somos profetas, sacerdotes y reyes. Esto también se presenta en el tríptico de misterios del rosario. En los Gozosos, la Virgen María nos muestra esta realidad al convertirse en la profetisa de la Palabra, dado que su Hijo es el Verbo. En los Dolorosos, actualizamos espiritualmente el carácter sacerdotal al vivir la pasión de Jesús, donde se hace Sacerdote Eterno al ofrecerse en sacrificio por nuestra redención. En los misterios Gloriosos, la Virgen es glorificada como reina.

Finalmente, la incorporación de los misterios luminosos, altera también el sentido más profundo del rosario; la mediación sobrenatural de la maternidad de María, y esto consideramos es el argumento definitivo. Los misterios luminosos, representan los momentos públicos del magisterio de Nuestro Señor, y en ellos la Virgen ya no está presente. Aunque entendemos que si lo está espiritualmente —dado que ella siempre se mantiene cerca del Hijo— no lo está con su presencia, porque estamos en el tiempo de Jesús y su obra pública. Se nos puede recordar, que en las bodas de Caná, aparece María, pero ese pasaje del evangelio, es el fulcro que marca precisamente, el paso a la vida pública de Jesús, luego puede que no se incluyese en los misterios gozosos por ese motivo, o puede también que los quince misterios propuestos, no pretenden ser exhaustivos, sino elocuentes y efectivos, dentro de una estructura formal de carácter simbólico, que no alterase su relación con los Salmos y todas las resonancias que hemos ido exponiendo. Pues bien, todo el rosario de la Virgen María, es el itinerario de acompañamiento y mediación de la Madre al Hijo, y en estas realidades hay una profunda doctrina que comprender. Para remarcar esta dimensión mariológica y ayudarnos a seguir su ejemplo y pedagogía, todos los misterios que se muestran, son aquellos donde ella ha estado presente y ha sido testigo principal, diríamos maternal, de la misión mesiánica del Hijo. Los misterios gozosos son los de la infancia, donde Jesús se oculta y su madre es iluminada por la historia sagrada. Los misterios dolorosos los vivió María en sus propias entrañas, y sabemos que fue el único consuelo que tuvo Jesucristo de camino al Calvario. Es en este momento de la pasión, donde vuelve a parecer la Virgen en los evangelios. En los misterios gloriosos, vemos cómo la Madre sigue a Jesús resucitado, en su más allá de la muerte terrenal. En los tres misterios está la Virgen María, y en las quince estaciones propuestas, nos acompaña espiritualmente, con su particular presencia y su autoridad. Por todo esto, la inclusión de los misterios luminosos nos parece extraña. Aclaremos que no lo aconsejamos, porque altera además de las funciones e inspiraciones comentadas, lo que ha sido una práctica mantenida por siglos en la tradición de la Iglesia, e instituida por revelación privada de la Virgen a santo Domingo, y esto último pensamos que debe tener suficiente autoridad.

Con el rosario y la contemplación de los misterios que nos ofrece la Virgen María, estamos bajo su testimonio y magisterio. En las quince escenas propuestas, que parten del "*hágase tu voluntad*" hasta la coronación, se resume la cristianización de la Madre, ese misterio de hacerse "*hija de tu Hijo*" en la fórmula propuesta por los padres de la Iglesia y que expresó Dante Alighieri. Entregarse a María, como maestra, según lo expuso María Jesús de Ágreda y que se convertiría en el carisma de las Concepcionistas Franciscanas, es el propósito íntimo del rosario. Por eso vamos de su mano, nos movemos en los misterios previos a la vida pública de Jesús, su muerte, su resurrección. El Rosario nos regala un itinerario de proximidad, con las confidencias y contemplaciones de la Madre con su Hijo, como los esposos que participan de una vida privada, en la intimidad de su tálamo nupcial y espiritual. Ir de la mano de María, es acercarnos a su vida preservada por la Gracia y entrar en su intimidad santificante para ser transformados por la Trinidad. Dicho sumariamente, vamos de la Madre a Jesús, del alma al espíritu, de la naturaleza a la Gracia, del "si" al Reino, del hombre imperfecto a Dios. Estamos con María, nos movemos con María, aprendemos con María y con ella alumbramos al Hijo.

Misterios Gozosos

"Subió, pues, Moisés al monte, y la nube cubrió el monte. La gloria de Yahvé reposó sobre el monte Sinaí y la nube lo cubrió por seis días. Al séptimo día llamó Él a Moisés de en medio de la nube. Y parecía la gloria de Yahvé ante los ojos de los hijos de Israel como un fuego devorador sobre la cumbre del monte. Moisés entró en la nube y subió al monte. Y permaneció Moisés en el monte cuarenta días y cuarenta noches" Éxodo 24, 15-18.

Esta etapa que corresponde a las iluminaciones, o la *nube*, según el lenguaje poético-bíblico de San Gregorio, va desde el descenso de la Palabra —Anunciación— al momento en que Jesús hace uso de su palabra, para instruir a los doctores del templo. Ya en esta selección de misterios encontramos una idea poderosa; el Verbo al germinar en nosotros por nuestra fe, ha de comunicarse al mundo, dado que en este itinerario nada se oculta "*Y no se enciende una candela para ponerla debajo del celemín, sino sobre el candelero, y (así) alumbra a todos los que están en la casa.*" Mateo 5, 15. Esta misión que atestigua la propia Virgen María con su parto del Verbo, nos señala el proceso del Intelecto, que nace para ser escuchado, del Amor que nace para ser correspondido, o la Verdad que nace para conmover al mundo y guiarlo.

Entre estos dos latidos que perviven espiritualmente, en cada instante de la vida del creyente, se despliega el gozo de la Esperanza con la visita a santa Isabel, donde ambas mujeres esperan dos actualidades de la Palabra: el gozo del Amor por el nacimiento de Dios en nosotros, el gozo de Obediencia a la tradición, en la presentación del niño en el templo, y finalmente, el gozo de la Alegría por el encuentro con la Palabra. En este último misterio encontramos una cierta ambivalencia, hay gozo por el reencuentro de lo perdido —alusión al don preternatural de la gracia santificante, que perdió Adán con el pecado y que recuperamos con el bautismo— y también tristeza de la Madre que ha de aceptar que el Hijo tiene una misión en el mundo.

Secuencia de rosas en los tres primeros misterios: Fe, Esperanza, Caridad —virtudes teologales—. Obediencia y Alegría en los dos últimos. La alegría es la expresión desbordante de la fe interior. La fe, es el alumbramiento de la alegría del Sí sobrenatural y rescatador.

Misterios Dolorosos

"Y se le apareció el Ángel de Yahvé en una llama de fuego, en medio de una zarza. Veía cómo la zarza ardía en el fuego, pero la zarza no se consumía" Éxodo 3.

La etapa purificativa está simbolizada por el fuego, como representación de la gracia que consume nuestros errores y pecados. En este estadio de combate interior, es imprescindible agarrarse a la cruz de Cristo, dado que somos en él purificados, y no como consecuencia de un proceso de auto-realización personal. Es el descenso a los infiernos personales y del arrepentimiento, aspecto este esencial en toda gnosis, dado que el arrepentimiento pone en evidencia nuestra limitación y nuestro discernimiento. Comprender el mal es avanzar hacia el sumo Bien, comprender nuestra desemejanza con Dios y hasta qué punto somos ínfimos, es el medio para anonadarse, para hacerse cauce por donde el Señor sea el torrente que nos lleve a la Vida Eterna.

Esta ascesis, empieza en el silencio orante de Jesucristo en el huerto de los Olivos y termina en el silencio total con su muerte en la cruz. Así, si en los misterios gozosos nos encontramos con dos momentos de la Palabra, en este misterio nos internamos en la secuencia de dos silencios. Pero descubriremos en los misterios gloriosos, que esos silencios tenían en su núcleo la Palabra, y con ella se opera la inversión total; del hombre viejo al hombre nuevo y de la muerte a la Vida.

Es un silencio que envuelve en su corazón, una segunda muerte y un segundo parto de Luz. Es el silencio de la *Kenosis**, que se abre como una herida ante el paso del Mesías hacia el Gólgota. Es silencio que nos ayuda a entrar en la noche oscura, y en la cámara privada de la sinceridad; ese *hortus conclusos** donde brotan las rosas de María, y se trabaja en secreto en su corona, que es la nuestra. En este jardín sellado de nuestra oscuridad, encontraremos esas rosas de María, que conforman su corona serafínica, toda vez que hundamos nuestros sentidos y potencias, en las espinas que rodean la corona de Jesús, dos coronas que misteriosamente, se unen en cada hombre llamado a salvarse. De la mano de María, esta teología adquiere una coloración propia, más callada, más profética, más perfecta en su abandono, más plena en su santidad y también más llevadera y dulce por su maternidad sagrada.

En el huerto iniciamos la extinción, con la flagelación asistimos a la noche de los sentidos y la purificación de nuestras concupiscencias, con la coronación de espinas rechazamos todo orgullo y vanidad y la noche se hace intelectual. Con la cruz cargamos nuestras deudas en la paciencia del que se hace humilde, y ya solo tiene deseos para llegar a la cima de su abajamiento. Con la muerte en la cruz nos quedamos en un silencio sobrecogido y santo, en el temor que antecede a un acontecimiento sobrenatural. En la tiniebla del monte, la nube se aparta en el mismo momento que se hace más oscura. La muerte de Cristo nos afecta y arrastra a todos y toda la creación empieza a "*tener gemidos de parto*".

Misterios Gloriosos

"Los cielos atestiguan la gloria de Dios
y el firmamento predica las obras
que Él ha hecho.
Cada día transmite
al siguiente este mensaje,
y una noche lo hace conocer a la otra.
Si bien no es la palabra,
tampoco es un lenguaje
cuya voz no pueda percibirse.
Por toda la tierra se oye su sonido,
y sus acentos hasta los confines del orbe" Salmo 18.

"Ahora miramos en un enigma, a través de un espejo; mas entonces veremos cara a cara. Ahora conozco en parte, entonces conoceré plenamente de la manera en que también fui conocido " 1 Corintios 13, 12.

Entramos en los misterios *de unión* y en la etapa escatológica, ambos conectados en la experiencia que San Gregorio denominó con el concepto de tiniebla. Son las revelaciones supra racionales, donde el intelecto es superado y queda con las potencias del alma suspendido. Esta idea de inteligibilidad, de abundancia sin forma, como una nube densa que no tiene fin, de abandono total en la claridad oscura de los misterios divinos, resuenan con sugerencia poética en la noción de tiniebla, y sus figuras retóricas más usadas por la tradición mística son metonimia, sinestesia, sinécdoque, paradoja, en definitiva, el lenguaje llega a las fronteras del sentido y queda asombrado y suspenso.

Nos encontramos en el tálamo nupcial, donde el esposo triunfante se abaja a una esposa elevada por el Espíritu Santo. Es también el viaje que se inicia en cada muerte, cuando el difunto se enfrenta a la promesa del juicio y de la resurrección. Con este misterio meditamos en la autenticidad de nuestra fe, sus ultimidades, el encuentro con la cabeza de la Iglesia y los reinos celestiales. Pero este viaje mortal póstumo, está ya inscrito en nuestra existencia, ambos intiman y se conectan en la tiniebla del Espíritu; aquí y ahora presenciamos como cristianos la resurrección y la ascensión. El cuerpo glorioso late en nuestro cuerpo corrupto, y el Espíritu desciende a cada instante y prepara en cada momento, un lugar de acogida. Los misterios gloriosos son un caudal desbordante, que se nos ofrece después de morir con Cristo en nuestro Gólgota. Esta promesa nos la ofrece por adelantado la Resurrección y nos la muestra como testimonio la Asunción de la Virgen. Empieza con el descenso del Espíritu Santo en Pentecostés y se corona en María, al final de todo el itinerario que hemos realizado en compañía de la Virgen.

Mapa y escala celestial

El rosario es un mapa entre los planos celestial y terrenal, un espejo donde el hombre mortal contempla la Gloria del Reino. Su principal actuación en el alma es purificar, perfeccionar y transfigurar al cristiano, en su ascenso al secreto de la in-habitación trinitaria.

Estas tres funciones se relacionan con cada uno de los tres misterios (gozosos, dolorosos, gloriosos) y entre ambos, en un juego de semejanzas y reflejos, laten las tres personas divinas. Este sería el mapa conceptual que esquematiza e ilumina esta práctica:

dolorosos gozosos gloriosos

Divinidad Santa

misterio de la in-habitación trinitaria:

La Sabiduria del Hijo purifica el entendimiento

El deleite del Espíritu Santo transfigura la voluntad

El Padre perfecciona la memoria intelectiva

Beátae Maríae Vírginis Coronatiómen

REGINA ANGELORUM

Fe Esperanza Caridad

función y acto de la virtud ▷ especulum rosario

entendimiento memoria voluntad

se purifica **se perfecciona** **se transfigura**

POTENCIAS HUMANAS

dolorosos gozosos gloriosos

Las tres Personas Divinas, se reflejan en las tres potencias humanas, y para que esto sea posible, se exige la mediación de las Virtudes: la Fe en el entendimiento, la Esperanza en la memoria y la Caridad en la voluntad (san Juan de la Cruz).

La Virtud es por tanto la intermediación necesaria para la gnosis, por lo que va más allá de la moral, tiene la cualidad de armar la *militia* y la fortaleza para conmover a la Ciudad Santa. En la cumbre, completadas estas operaciones, se celebra el misterio de unión, la experiencia mística de la in-*habitación* trinitaria en el corazón humano.

Para alcanzar esta empresa celestial, el alma, en un proceso apofático* y paradójico, se niega a sí misma. Las impresiones naturales del entendimiento, se niegan para dar más cabida a la luz de la Fe. Los afectos de la voluntad se sofocan para amar solo con la Caridad divina. En la memoria, el recuerdo se trasmuta en olvido santo, el poseer en desposeimiento, el tiempo en atemporalidad, y toda espera es inmersión divina en la Esperanza. Juego de espejos y relaciones mutuas entre las virtudes, las Personas divinas y las potencias humanas (ver dibujo)

Veamos ahora un esquema de tres métodos espirituales que son diferentes, pero complementarios, y que se adaptan a las tres tipologías humanas, según la antropología tradicional y universal: hílicos*, psíquicos y pneumatólogos*.

El método Moral

Parte de una lectura literal y devocional de los 15 misterios propuestos en el rosario, y mueve al alma a su pureza y la fidelidad con los evangelios. Su intención es de imitación de Jesús y María, viene sostenido principalmente por la voluntad y ésta como sabemos, es perfeccionada por el Espíritu Santo. Naturalmente, no debemos caer en el esquematismo, dado que las Personas divinas actúan conjuntamente y las potencias humanas no son facultades estancas, pero siguiendo el principio de concreción, tan propio del realismo doctrinal cristiano, y el principio de distinción, tan necesario para la ontología, podemos proponer estos mapas conceptuales que, en definitiva, siguen los propuestos por san Agustín, san Buenaventura o san Juan de la Cruz en sus teologías místicas.

Si nos colocamos dentro del ámbito **hílico**, en cuanto a la persona humana, es porque estamos en relación con la temporalidad, con la inmediatez y también, en primera instancia, con lo corporal. Aquí, el cristiano que quiere imitar a Cristo, que busca esta intimidad capaz de obrar una metanoia, debe mostrarse atento en cada acto de su vida, debe elevar una torre de vigilancia para detectar debilidades y peligros, ha de confiarse con la inocencia de un niño en el torrente vital, ha de estar vivo en la profundidad de su carne y ha de estar dispuesto a morir para el mundo, para que esa carne sea iluminada. En cada instante donde actuamos, pensamos y *"omitimos"*, en cada vivencia donde descubrimos el imago *Christi* "*como a través de un espejo*".

Sabemos que el cuerpo resucitará, en plenitud después de la muerte y del juicio, por eso buscamos mientras vivimos, que nuestro cuerpo sea un campo de labranza, que nuestra vida moral sea la buena semilla, que la vigilancia, el examen de conciencia, el arrepentimiento y la confesión, sean nuestras artes para la cosecha. Con los misterios dolorosos, nos adentramos en los abismos de nuestra alma y lo hacemos literalmente, es decir con objetividad y respeto a la Palabra; sabiendo que brota de la personalidad divina de Jesús. Palabra revelada en los evangelios, palabra rumiada, escondida, destilada en el corazón de María.

La lectura literal es la aceptación íntima y necesaria entre el Nombre y lo nombrado, es la exploración metafísica de la historia de la revelación desde la carnalidad de su escritura, es mantener un equilibrio de sentido entre la letra y el símbolo, de la misma manera que el hombre completo debe armonizarse entre su carne y su espíritu y ser guardián de su pureza, belleza y verdad. El que huye o desconfía, de la lectura literal de los evangelios y de la historia que se narra de Jesús, se desliza por la intemperie de la soberbia, da inicio al declive de la luz sobrenatural del evangelio. Siguiendo a san Pablo debemos alimentar con leche al que no pueda alimentarse con carne, pero teniendo presente, que una ingesta no debe refutar a otra, para evitar caer en el puritanismo de los que no son capaces de ver un sentido oculto más allá de una parábola, o en el puritanismo del gnosticismo, que llevan toda la revelación al molino del esoterismo, por no hablar del relativismo actual, que se pierde en conjeturas personalistas y desprecia con sus tesis la tradición apostólica, o en palabras de Clemente de Alejandría, la instrucción de sentido que va de "boca a oído". Pensamos que hay más dificultad en el abajamiento de los misterios dolorosos, que en los secretos que resuenan en los misterios gozosos, y que, ahondando en los primeros, somos elevados en los segundos.

En nuestro mapa sinóptico, hemos relacionado esta vía al órgano de la visión, siguiendo la experiencia del niño Francisco Marto en las revelaciones de Fátima.

A efectos de la persona que reza con el rosario, estamos ante la observación con la imaginación de la escena meditada. Gracias a esta facultad, podemos ingresar en los detalles que conocemos, gracias al evangelio, en los misterios que nos propone el rosario. Para esto, la imaginación nos ayuda, a cada cual según su capacidad.

Ver, aunque sea pobremente, fija la concentración y propicia la meditación, que será como veremos después, el método que nos permita obtener una enseñanza o sabiduría de cada uno de los quince misterios. El ver también es una forma muy poderosa de enamoramiento; "*hazme ver tú rostro*" dice el esposo del Cantar de los Cantares. Jesús en los evangelios nos ofrece una enseñanza, que suele pasar desapercibida y está asociada a la visión, pero en un sentido espiritual, nos dice "*¡mirad los lirios del campo!*" Mat

6, 26. Una llamada al asombro, a mirar como si fuese la primera vez, con los ojos interiores, con el ojo del corazón despierto. Todas estas modalidades de visión, son de gran provecho para el que se sumerge en esta oración mariana.

En el grado más elevado de esta vía se encontraría la experiencia *imaginal*. Con este neologismo, queremos resaltar que estamos ante una realidad que supera a la imaginación, pero que se emparenta con ella, por su concreción visual. Sería la imaginación realizada, objetivada, revelada, sobrenaturalizada, lo que en la tradición mística se llama el mundo visionario. Por poner algún ejemplo, de los muchos que abundan en la tradición cristiana, la beata Alexandriana, por gracia celeste, los viernes veía y se transportaba a los momentos de la pasión de Jesús. Ese *ver*, más allá del tiempo y del espacio, desde su habitación, es lo que denominamos el ingreso en el mundo imaginal, donde la materia es espiritualizada y las luces celestiales se corporizan. Es conocido el sorprendente nivel de detalle que tenían las visiones de Ana Catalina de Emmerick, que han propiciado la recreación física de muchos momentos de la vida de Jesús y María. Obviamente estos estados son gracias y misiones de Dios y no deben buscarse, ni tan siquiera desearse. Pero es de provecho valorar, la potencia de santificación y contemplación, que se esconde en el ver espiritualizado.

Como quien asciende por una escala, cuando el orante, anuncia el misterio que va a rezar, se detiene un instante en el primer escalón y abre su ojo para introducirse en el ambiente sagrado de la escena.

Asciende ese peldaño y quiere ver más, como la esposa enamorada quiere contemplar el rostro del esposo.

Se detiene y se deja asombrar por la novedad y profundidad del misterio. Y allí, entre las cuentas, que van pasando por sus dedos, sin dejar de mirar con el corazón, empieza a escuchar e ingresar de una manera natural, en la vía espiritual o de los estados del alma.

"déjame oír tu voz;
porque tú voz es dulce" Cantar de los Cantares 2.

El método Anagógico

Si en el primer método, el movimiento es de inmersión, en este segundo método, es de elevación. Supone encontrar en cada uno de los misterios propuestos, sus mensajes más profundos, las relaciones internas entre ellos, las huellas de la doctrina más cualificada y en este sentido secreta[4]. Pero como advertía Dante, no hay orientación anagógica sin sentido literal, por ello nuevamente, debemos advertir la necesaria vigilancia para no caer en intelectualismos. Después de todo, a este método de lectura, se deben las principales herejías que ha habido y subsisten actualmente, en concreto las distintas escuelas

[4]"Porque a vosotros os es dado comprender los misterios del reino de los cielos, pero a ellos no" (Mt 13, 11). "Tengo todavía mucho que deciros, pero no podéis soportarlo ahora" (Jn 16, 12).

gnósticas heréticas que acompañan la historia de la Iglesia. Este método exige una intimidad doctrinal con el Evangelio y viene acompañado por la presencia rectora del Hijo y auxiliadora de su Madre.

Este es el ámbito del alma, que es una forma de resaltar que estamos en relación con las potencias psíquicas del hombre y sus facultades intelectuales. Recitar un misterio del rosario, nos recuerda el misterio de la luz, que se derrama en fragmentos; en velas, en otros fuegos y que nunca se agota en su origen. Así una escena del evangelio, iluminada por el conocimiento y sostenido por el corazón, pude dar infinidad de luces, alumbrar espacios escondidos sin agotarse, enfrentar el tumulto de vientos iracundos sin apagarse, darse a otros pasajes en relaciones ocultas sin fin. Estos mensajes que se enhebran como un tejido coherente, entre los evangelios o entre el nuevo y antiguo testamento, nos elevan hacia el hombre integral y allí todo está centrado, equilibrado, unido.

Esa centralidad del hombre, brota del corazón de Cristo, esa es su fuente oculta, por eso es inagotable, supra abundante. El arte cristiano manifestado en un inmenso mar de testimonios, los ejemplos discretos o apabullantes de santidad en más de dos mil años, la liturgia como un astro incansable que no cesa de emitir consuelos, luces e inspiraciones, todo esto brota de Jesús, con su característica mansedumbre infinita. Por ser más precisos, digamos, que, si somos capaces de abrir un pequeño pozo en nuestra alma, por esa oquedad, que a veces parece una pequeña boca que canta y otras una herida que clama, irrumpe el agua Viva y esa emanación, nos hace participar de una sabiduría que no nos pertenece, pero que nos convoca y consuela.

Para profundizar en este método, se necesita estudio, pero también inocencia espiritual. Cuando meditamos una estación del rosario, en ella resuenan todas y el corazón piadoso, puede descubrir estas relaciones ocultas, ideas que son como combustible que aviva el fuego de la oración. Obviamente en este estudio, no ofreceremos estas enseñanzas, dado que son inabarcables y su estudio desbordaría un libro, nos limitaremos a señalar que este método es necesario para alcanzar una comprensión espiritual de la fecundidad del rosario. En el mapa conceptual que adjuntamos se muestra un aspecto esencial, a modo de inspiración de salida.

Este método lo relacionamos con el oído, por lo que tiene de meditación de una enseñanza que ha de ser escuchada. Este ámbito, sería la *lectio y meditatio*, de la escala paradisiaca propuesta por el monje cartujo Guigo II.

Este oír "*la voz de mi amado, helo aquí que viene*" como en el Cantar de los Cantares, tiene grados, como en el ver, y como este, se puede llegar a ser instruido directamente por la fuente. Es el caso de la Virgen María cuando narró su vida a María Jesús de

Ágreda, para que escriba estas confidencias visionarias en el impresionante compendio de testimonios "*La mística cuidad de Dios*". Pero fuera de estas excepciones, que son gracias divinas inalcanzables para casi todos, nos basta y nos sobra, con escuchar lo que la tradición apostólica nos enseña de cada uno de los quince misterios propuestos.

Contemplativo

También llamado de Unión, es estático y viene sostenido en la intimidad del Amor y es por definición, pura gracia inmerecida. Su comprensión excede la naturaleza de este escrito y animamos al lector que estudien con detalle el "*Itinerario del alma a Dios*" de san Buenaventura y acompañen esta lectura con las indicaciones teológicas y precauciones, que san Juan de la Cruz va desgranando en su fecunda obra "*Subida al monte Carmelo*". Indiquemos grosso modo, que este método es inicialmente apofático, dado que el misterio Trinitario es ininteligible, incapaz de ser comprendido por el entendimiento, no es imaginable y excede a la potencia de la memoria y supera las capacidades de nuestra voluntad. En este punto, solo nos queda quedar suspensos, en la llamada por el monje anónimo medieval "*nube del no-saber*" y en cada misterio del rosario, esperar en silencio, la Noticia que nos pueda susurrar Dios. Al ser este un método de perfección que se deja "arrebatar" por el Perfecto, sería más preciso decir, que este estado presupone un no-método, dado que se pide una donación total, un abandonarse al Esposo, como poéticamente se manifiesta en el Cantar de los Cantares. Esta vía, presupone la condición principal del corazón, como centro óntico* del ser. Ya santo Tomás anunció que "*el amor es más unitivo que el conocimiento*".

Recapitulando, en los tres métodos, nos encontramos con la Voluntad; como deleite y esfuerzo del Espíritu Santo (método moral) con el Entendimiento; en la maestría de la sabiduría del Hijo (método anagógico) y con la Memoria; donde retornamos al Padre (contemplación). Estas relaciones se vuelven cada vez más profundas, en la medida que se perfeccionan con las virtudes llamadas teologales y que son la base de toda nuestra imitación en Cristo: Fe,

Esperanza y Caridad. Aquí, se entiende que la virtud va más allá de lo moral, que su sentido es finalmente ontológico. Que estas virtudes constituyen órganos metafísicos del ser humano, y como tales órganos, cumplen cada una su tarea y entre las tres, se intercambian influencias y bendiciones.

El rosario es por tanto un regenerador de estos órganos, que el pecado mantiene sin salud. Es un médico que aplica su arte en cada recitación, que nos saca de la ilusión del ahora fugitivo, y nos lleva al estado de consistencia y permanencia, por el solo hecho de dedicarle un tiempo cada día y repetir incansablemente sus fórmulas e imágenes sagradas. Con esta oración diaria, nos esforzamos para encontrar cada vez más habitable, en el hondón del alma, nuestro lugar propio (*proprius locus*). Porque como nos decía Nicolás de Cusa, todo lo que está fuera de lugar está intranquilo, y quiere regresar a su sitio. Por eso el fuego se eleva y la piedra cae, por eso la criatura quiere regresar al Creador, el efecto a su causa, lo nombrado al Nombre; porque Dios es el lugar constante, el reposo gozoso, para todo aquel que lo busca.

Fenomenología de las tres vías

Muy apropiado a esta enseñanza, son los tres modos diferentes en que la misma Virgen María, se presenta ante los pastores de Fátima. Que sean tres, parece encajar coherentemente con todo lo expuesto, y es otro testimonio de la elocuente economía de la revelación, que nos ofrece siempre medios armónicos y pedagógicos, a la manera en que los Padres entendía este concepto: como preparación para la gnosis.

En el relato de los hechos de las apariciones, podemos constatar que Francisco veía las visiones, pero no las oía y permanecía mudo. Jacinta, muda también, veía y oía a la Señora y Lucía, además de ver y escuchar, también conversaba. Estos tres modos se relacionan progresivamente con los misterios dolorosos, los gozosos y los gloriosos. En los primeros estamos en el estadio corporal, sensitivo, donde dominan las imágenes y corresponde al método moral, naturalmente este poder de lo visto se traslada a las 15 estaciones y se convierte en su extremo más elevado en la **Vía Imaginal**. En el segundo, nos encontramos con la capacidad de oír, lo que las estaciones nos comunican, y es por tanto la **Vía de los Estados** del alma —Sabiduría—, la vía del intelecto, que es capaz de desvelar sus enseñanzas. En el tercero, se abre la posibilidad dialogal, de entrar en la oración como "*conversación entre el alma y Dios*" a la manera de santa Teresa de Jesús, es esta la **Vía de Unión**. Aunque cada vía tiene de propio un misterio que lo ejemplifica, todas transitan a lo largo de toda la cuerda del rosario, y estas relaciones son avivadas por su poder de incantación*, como un velo que tejemos cada día y que nos hace comprender la vida sobrenatural y al mismo tiempo, nos cubre nuestra intimidad mientras peregrinamos en la tierra.

Veamos un mapa sinóptico:

Vía Imaginal Método moral VER	Vía de los estados Método anagógico OIR	Vía de unión Contemplativo DIALOGAL
1. Anunciación	Recepción del Verbo	Fe
2.Visitación	Presencia del Verbo	Esperanza
3.Natividad	Luz del Verbo	Caridad
4.Presentación	Tradición	Obediencia
5.Encuentro	Gozo	Sabiduría
6.Soledad	Temor de Dios	Justicia
7.Flagelación	Purgación sensitiva	Pureza
8.Coronación	Purgación del alma	Mansedumbre
9.Cruz	Anonadamiento	Humildad
10.Muerte	Metanoia	Amor
11.Resurrección	El hombre nuevo	En el Padre
12.Ascensión	Atracción divina	Hacia el Hijo
13.Pentecostés	Dones del Espíritu	Con el Espíritu Santo
14.Asunción	Absorción	Jerarquía angélica
15.Coronación	Perfección	Unión

Meditatio

Se proponen algunas reflexiones aplicando este método.

Anunciación
Recepción del Verbo
Fe

La Anunciación. Recepción del Verbo. Fe.

La Anunciación coincide con el equinoccio de primavera, la estación de la floración, una ubicación apropiada para la que sería la nueva Eva, la madre para el florecimiento de Dios en la historia. Si el Espíritu aleteaba sobre las aguas del mundo informado, en el inicio de la creación, el Espíritu nuevamente cubrirá con su sombra el vientre de la Virgen para iluminarlo con el Hijo. Dos actos que inician el desencadenamiento cósmico de la creación y el desencadenamiento ontológico para el retorno del hombre al Padre. Las palabras del ángel Gabriel son casi idénticas a las del Génesis, el poder de Dios "*cubrirá con su sombra*" a María, como "*cubrió las aguas con su sombra*" en el inicio del mundo. Con este acto espermático del Verbo, se inicia el primer misterio del rosario. Cubiertos también nosotros en esta sombra, asombrados por este poder, temerosos de romper este silencio sagrado, donde María ora y dialoga, nos quedamos a oscuras, sobresaturados de luz, indigentes, y como san Basilio apenas nos atrevemos a hablar.

Ya san Anselmo afirmaba que si Dios es Padre de la creación "*María es la Madre de todas las cosas re-creadas*". Con ella, la dispersión que puso en acto Eva, retorna a su lugar de reposo sagrado; toda la creación recupera en este útero primordial su pureza. Acto que nos permite entrar en la "*Paz del Señor*", porque se nos da la capacidad de encontrar nuestro centro sobrenatural. Entre María y Eva se resume ontológicamente el drama existencial y sus elecciones, dado que la existencia representa el aspecto femenino de la realidad. Suele representarse esta feminidad metafísica, de color negro —las Vírgenes negras— este color nos muestra como la Virgen está oculta, permanece velada, callada. Estas son las condiciones del alma inmaculada, que se abandona a la irradiación solar de Cristo, y se hace ella misma portadora de luz; luna llena sobre nuestra existencia, "iluminadora" en la noche de este mundo intermedio.

Este estado de perfecta humildad, le lleva a san Luis de María de Montfort a decir de la Santísima, que "*es completamente relativa a Dios, y diría incluso que ella es la relación con Dios*" y por eso, ella es modelo y madre de toda santidad, Reina de ángeles y hombres. Esta relación con Dios, es tan estrecha, que san Bernardo propone que el Espíritu descendió para "*residir en ella también corporalmente, gracia que no ha recibido ningún otro santo*" y que, explicaría su asunción a los cielos, dado que todo en ella estaba glorificado.

Todo en el rosario se comunica. la Santísima no se queda con nada. Nos decía un sacerdote, que ella es como un plano inclinado, donde nada se retiene y todo se da. Vemos que lo que se anuncia en esta estación es el engendramiento del Verbo. Esta operación brota del sí, que da María y lo une al Sí divino, nos anuncia a todos, el nacimiento de la Fe. Entonces tenemos ya una primera compresión de lo que esta virtud teologal significa: es el acto libérrimo de decir "*si Señor*", la fe es el encuentro con lo sobrenatural, que irrumpe como una apertura afirmativa y entregada. No hay duda, no hay debate, no es un asunto de consensos, ni una premisa que se vuelve lógica, tampoco es un mérito individual, ni una opinión, ni una opción, ni una conclusión emocional, ni un resultado calculado o una apuesta aventurada. La Fe, es la Verdad que llama a nuestra puerta, que planea como una sombra escondida, sobre las aguas de nuestra existencia y nos nombra para un engendramiento. La Fe, emana vida sagrada y vida enamorada, porque la Fe hace fecundo todo acto humano, siguiendo la secuencia propuesta por Clemente de

Alejandría: "*a la fe la gnosis, a la gnosis el amor y al amor la herencia*".

En la epístola a los Hebreos se nos dice que la "*fe es la sustancia de lo que se espera, prueba de lo que no se ve*". Podemos entender esta sustancia, como fundamento axial, dado que la fe brota del intelecto y llegamos a esta fuente primordial, cuando a su vez somos descubiertos por el que trae agua viva. Hay aquí un juego de espejos, una relación sutil y profunda; descubrimos cuando somos descubiertos, amamos cuando somos amados, conocemos cuando somos conocidos, y en todas estas relaciones la Fe es el primer acto, es la virtud o capacidad sobrenatural que Dios nos concede para conocerlo y amarlo. Sin ella, no llegaríamos a destino, no completaríamos el viaje noético* del conocer, ni del amar, pues no se recorre la distancia que nos aleja del conocimiento, sin esa vencedora de la ignorancia. Tampoco alcanzamos al amado si no salimos a su encuentro, si no le decimos sí y esperamos su Sí. Por todo ello, el Apóstol nos dice, que es fundamento o sustancia, porque ella es un fruto que brota fielmente de la Revelación.

También nos asegura, sin incertidumbre, que ella es prueba, porque por la fe presentimos y oímos aquello que permanece oculto para el mundo, esa luz que permanece oculta a quien no se hace su testigo y brilla a quien se deja probar.

En la Anunciación, entramos pues en la morada donde se gesta nuestra vida espiritual, allí será alimentada en penumbra, gestada como una criatura cierta, aumentada con la paciente pasión, de quien ha encontrado una realidad que nos supera y es mejor que nosotros. A partir de este acto, se alumbrará hasta donde nos sea posible y la Gracia quiera, el nacimiento de Jesús en nosotros, como una verdad objetiva. Si Dios se refleja en el espejo de la fe como nuestro Objeto, la Virgen María nos muestra el camino para hacerlo nuestro Sujeto, porque ella, en la elevada misión que se le ha encomendado, siempre estará adelantando la hora, como en las bodas de Caná, esperando nuestra conversión, instruyéndonos en los modos de hacer posible esta operación interna. Por eso, ella que nos traerá la Palabra, permanece callada, para que nosotros, instruidos en este silencio, aguardemos el parto de Luz del evangelio, en ese paso o pascua ontológica, que va de la fe a la gnosis, como señalaban los Padres.

Visitación

Presencia del Verbo

Esperanza

La Visitación. Presencia del Verbo. Esperanza.

Vemos con qué premura María, Sagrario del Señor, visita a su prima Isabel, cumpliendo el primer itinerario de Jesús. Apenas lleva ocho días el Verbo en el tabernáculo de su madre y ya tiene la santa urgencia, de saludar al hombre y hacerse visible en nuestra historia. Encuentro que sucede a dos niveles: uno visible entre madres embarazadas y otro escondido, entre varones nonatos. La Virgen y la estéril, se reconocen, porque Dios y su profeta se reconocen. La Palabra corre al encuentro de la Voz, poniendo en evidencia el principio metafísico que sostiene toda jerarquía celestial. Con ello tenemos una primera enseñanza de nuestro Divino maestro, que desmiente uno de los axiomas del pensamiento moderno y existencialista, que afirma que la existencia antecede a la esencia.

Vemos en esta estación, como la fecundidad sagrada y sobrenatural del Verbo, ilumina la carne que es pura y a la carne que era yerma. Dos tipos de elevación y de dignidad, que, como dos misterios, se nos dona a todos aquellos que, a partir de este encuentro, quieren hacerse también portadores de la divinidad y salir presurosos al camino de toda vida fecunda. Si de la estéril nace el profeta que anuncia al Verbo, nosotros que vemos este encuentro, podemos confiarnos que, de nuestra carne, también estéril por la ignorancia, pueda engendrarse una voz que nos ilumine. Si de lo puro nace Dios, nosotros que vemos este encuentro, en la actualidad de nuestra piedad, podemos esperar que nuestra vida, sea vida plena y perfecta en Jesús. Con Isabel debemos hacernos pobres, como pobre era su carne, antes del Misericordioso, y con María, debemos hacernos puros, para que prenda la llama del Justo.

El testigo se alegra en las entrañas de la mujer, que dejó de ser estéril. El Verbo nos acoge con su Gracia sobreabundante en la nueva Eva, desde su vientre paradisiaco, y podemos exclamar: "*La gracia y la fidelidad vinieron con Cristo Jesús*".

Ambos testimonios nos llevan a las entrañas de ser cristianos: toda virtud y toda gracia ha de ser engendrada, no hay caminos espiritualistas, no hay operaciones ajenas a la carne, no hay gnosis sin gracia santificante, tal es la condición metafísica del hombre.

El Señor quiso manifestar su Misericordia, eligiendo a Isabel, la que era estéril, su Sabiduría enmudeciendo a Zacarías el padre, su "*Alianza nueva y eterna*" seleccionando a José, de la casa de David, su Poder y Plenitud en la Virgen María. Para que Juan, fuese la voz que clama en el desierto y anuncia al Sabio, su padre estuvo mudo hasta la presentación en el templo y allí habló con belleza y lleno del Espíritu Santo. Este callar antes de que la palabra se alce "*como un sol que nace de lo alto*", este silencio preparatorio, transformador, nos muestra que, en el núcleo de lo callado, en su negrura uterina, brilla el núcleo del núcleo: la Palabra.

Vemos en Isabel; "*desierto y sequedad*", que el Señor cumple las palabras de Isaías: "*florezca como flor, estalle en flor y se regocije hasta lanzar gritos de júbilo*". Juan será la flor del desierto y en palabras de su padre, atestiguará que el Mesías vendrá para "*iluminar a los que yacen en tinieblas y sombra de muerte*".

Vemos en María; que asistirá el parto de su prima, como la voz regresa al Verbo, como el agua regresa a la fuente y toda la creación, a partir de este doble retorno, se prepara con "*dolores de parto*", para anunciar un nuevo comienzo; una Esperanza redentora que atraviesa la historia y nos cita en la Jerusalén Celeste.

Natividad

Luz del Verbo

Caridad

Natividad. Luz del Verbo. Caridad.

Vemos en el nacimiento de Jesús, un acontecimiento que sacude la creación, una irrupción de la eternidad en lo temporal, un parto manso y suave, como los místicos lo visualizan, pero que traerá escándalo y agitación. Un pobre que llega pletórico de riquezas, un niño que por inconcebible que resulte es Dios, y como Dios, viene a rescatarnos armado con la elocuencia escandalosa de una cruz.

El misterio de la natividad, rompe aguas sobre esa criatura rebelde que llamamos mundo, reescribe su historia, nos da una gracia inconcebible; con Jesús tendremos la solución a la gran búsqueda de todas las culturas, porque todos los hombres despiertos y vigilantes, han sabido que son una criatura incompleta y han buscado con distintos métodos, una manera de alcanzar al Hombre Universal.

Jesús, como hombre, es la plenitud de la personalidad humana. Como Dios, es maestro y mediador para alcanzar aquello que es de suyo sobrenatural, y que para nosotros mismos sería inalcanzable. En el ser humano, los valores y virtudes no surgen de forma natural y dada, sino que han de ser desarrollados, incubados, gestados, en los desposorios de la vida sobrenatural. No basta la voluntad para ser humildes y el que presuma de que se basta, entonces es un soberbio. No basta la voluntad para amar, sin poseer al amado y ser conmovidos por su amor, ni la voluntad puede sustituir a la providencia y hacernos un destino a demanda. Con Jesús, nacido e injertado en nuestra intimidad herida, envuelto en la penumbra del pesebre, que es el órgano de la vida espiritual, podemos vivir la natividad de nuestra personalidad, que se hace universal y adquiere, si Dios lo permite, las gracias de los órganos sobrenaturales.

No hay por tanto un camino de auto-realización, lo que se asoma en la intemperie del mundo, para aquel que está cobijado entre los brazos de María, a la sombra del pesebre, es un camino de santificación. Vemos desde dentro de esta proto-iglesia, que nos espera un mundo nuevo, porque todo ha de ser iluminado y restaurado. Esta es la experiencia de todo cristiano, una vez ha sido bautizado y se pone a seguir al Maestro. Todo va cambiando; su percepción, su conciencia, sus pensamientos, sus actos, y todo esto, manifiesta que sus órganos naturales de comprensión, se vuelven sensibles a las luces de tiniebla de lo sobrenatural.

Jesús ha nacido en nosotros; debemos alimentarlo para que Dios sea nuestro alimento, debemos esconderlo de Herodes; para que la Vida desate belleza y bondad, debemos apartarnos y dejar que los "*muertos entierran a sus muertos*", debemos aceptar las palabras de Simeón; *"éste está puesto para caída y para levantamiento de muchos"*.

No hay mayor caridad que la que Dios nos ofreció al hacerse hombre. Con esta alegría y temblor, salimos del pesebre, a dar nuestros primeros pasos, agarrados a las cuentas del rosario...

Presentación
Tradición
Obediencia

Presentación. Tradición. Obediencia.

No hay comunidad más perfecta y completa que la Iglesia, ella se forma y crece como una entidad viva y orgánica, no hay labores constructivas, ni añadidos pactados, ni concesiones a la voluntad interesada o al deseo del momento. Ella la imaginamos como un cuerpo, que pisa los suelos fugitivos de la tierra, se abisma en los órganos purificantes del purgatorio, y levanta su rostro entre las jerarquías angelicales e intelectuales, para mirar con los ojos de Cristo y latir con el corazón de Jesús. Todos en ella tienen su lugar exclusivo, sin embargo, no existe el igualitarismo. Todos en ella colaboran, para edificar una ciudad que solo podemos ver "*como a través de un espejo*". Ese todos, incluye no solo personas humanas, sino entidades de naturaleza preternatural. Allí, cobran un mismo salario los primeros y los últimos. Todos son contemporáneos, desde el nonato que ahora muere abortado, hasta el sabio anciano que vivió hace siglos. Una comunidad, donde rigen las leyes de la salud como justicia y santidad "*Dios combinó el cuerpo, de manera de dar decencia mayor a lo que menos la tenía; para que no haya disensión en el cuerpo, sino que los miembros tengan el mismo cuidado los unos por los otros. Por donde si un miembro sufre, sufren con él todos los miembros; y si un miembro es honrado, se regocijan con él todos los miembros.*"

Pero esa comunidad, en sus partes mortales, tiene un trabajo de riesgo. Jesús trajo su Paz y también su espada, sus sacramentos y remedios, pero también un desafío heroico; nos puso un fulcro en forma de cruz, para hacer completa nuestra personalidad amputada en la noche de los tiempos, cuando nos dejamos seducir por las fuerzas centrífugas de nuestra individualidad herida por el pecado. Esta comunidad tiene para cada miembro, el trabajo de un artista, para darle a la urdimbre de su vida, el ritmo de lo justo.

Tiene también el trabajo de una milicia, para mantenerse firme y manso en la batalla. Para todas estas exigencias, el Señor nos donó auxilios, mediadores, sacramentos y también una modesta virtud, la más modesta de todas, que se hace más apremiante en los que más pueden y más liviana en los que menos pueden. Estamos hablando de la Obediencia. Ella sabe que hay una jerarquía que mueve la existencia, es decir, unas relaciones incesantes de dar y recibir, desde los serafines al más modesto de los mortales. La obediencia sabe que hay un equilibrio empático entre todos, donde el "*el mayor entre vosotros hágase como el menor, y el que dirige como el que sirve*". La obediencia nos pone en relación con los tesoros de sabiduría de nuestra tradición, con ella lo que desconocemos lo comprendemos por su mediación, en lo que dudamos, nos auxilia su intercesión, en lo que no alcanzamos, nos alcanza su influencia. Porque la obediencia bebe siempre de las aguas de la tradición;

empieza su andadura con el bautismo, se alimenta en la familia cristiana y se nutre por una milicia invisible de mediadores. Este es el acto político o prepolítico que trazará las calles de la Jerusalén Celeste, si rechazamos su influencia, nos cerramos el paso por sus pórticos de entrada.

Vemos en la presentación del niño en el templo, como se cumple este pacto, porque Jesús, Maestro de Vida, nos muestra lo que debemos hacer para participar del Reino. Él que no necesita presentación, de la misma manera que no necesita del bautismo, es presentado a la comunidad y es bautizado ante los hombres y mujeres de su pueblo. En esta estación nos encontramos ante la necesidad de mantener viva la Tradición, porque por ella nos hacemos comunidad y sin ella nos disolvemos en el reformismo y la soberbia.

Encuentro

Gozo

Sabiduría

Encuentro. Gozo. Sabiduría.

Vemos en este suceso, un fenómeno ambivalente y no siempre bien comprendido. Literalmente es una historia de dolor y de alegría, de pérdida y de encuentro, de desconocimiento y de revelación.

Está la tristeza de la pérdida e incluso de la amonestación, donde Jesús les recuerda a sus padres quién es y a qué ha venido al mundo. La obediencia de Jesús, ante el requerimiento de los sacerdotes del templo es total y por eso se quedó, no desobedeció a sus padres, sino que obedeció un requerimiento mayor; dar sus primeros pasos como Mesías. En esta historia, se puede comprender muy bien, cómo las virtudes van más allá de la moral convencional. En la virtud, cuando es elevada a lo sobrenatural, se opera una dilatación en la voluntad y entendimiento del creyente, que públicamente se puede mostrar como un desafío; es el caso paradigmático de Abraham, ejemplo de mala conducta para tantos exégetas racionalistas, de San Francisco, desobediente a sus padres, como aparentemente lo es Jesús, en esta estación, y de tantos otros profetas y santos, que movidos por el Espíritu, trastocan un moralismo que por sus apegos y tibiezas, no es capaz de alcanzar el Reino de Dios. Para llegar a este destino, el Señor en el evangelio nos anima a una donación total. Esto supone, que la virtud humana gire su entendimiento al cielo, como un espejo que busca un rayo del sol para iluminar una oquedad. Así debe operar la voluntad del santo.

Toda virtud, en efecto, es la manifestación humana de un atributo divino, y constituye analógicamente, decía Máximo el Confesor, un aspecto del develamiento escatológico del Verbo encarnado. Esta necesidad de abandono a la voluntad divina, afecta también a las potencias intelectuales, y explica la necesidad de las noches del alma, en la terminología de san Juan de la Cruz. Es la vía del desprendimiento total, del ascenso por el sendero de las nadas a la cumbre del Monte. Tarde o temprano, el amante pierde a su amado, el creyente se queda vacío de toda explicación y entendimiento sobre Dios. Es el momento del temblor y de la noche, algo se enmudece en el secreto de nuestro intelecto; este debe ser operado, destilado, trasplantado, y en esa noche, creemos perder a Jesús y Él nos anima desde esta estación a buscarlo.

En un sentido literal, debemos volver al templo, allí estará, en el mismo lugar donde lo encontraron María y José, en el pesebre celestial del Sagrario. Es un gran consuelo saber que está tan cerca. En un sentido más completo, a Jesús lo encontraremos más allá de los gestos y los mapas conceptuales que podamos elaborar. Debemos ofrecerle, en un holocausto perfecto, nuestro entendimiento, para que la Palabra germine en el ojo de nuestro corazón. Esa Palabra será como un torrente, atravesará nuestra vida como en una garganta, se internará en los más oscuros secretos, saltará como una catarata sobre toda nuestra ciencia humana, se amansará al abrigo de los montes del asombro y se abrirá al océano de los otros hombres. En la primera estación, la Palabra desciende al abrigo fecundo del alma virginal, en esta última estación, la Palabra ya tiene necesidad de ser cantada, de ser recitada, de buscar otros amantes, porque el hombre es también comunidad política y a ella ingresamos a la edad adulta del espíritu, como Jesús que a los doce años empieza a predicar la Sabiduría.

Soledad

Temor de Dios

Justicia

Soledad. Temor de Dios. Justicia.

"Así habló Jesús. Después, levantando sus ojos al cielo, dijo: "Padre, la hora es llegada; glorifica a tu Hijo, para que tu Hijo te glorifique a Ti; —conforme al señorío que le conferiste sobre todo el género humano— dando vida eterna a todos los que Tú le has dado. Y la vida eterna es: que te conozcan a Ti, solo Dios verdadero, y a Jesucristo Enviado tuyo. Yo te he glorificado a Ti sobre la tierra dando acabamiento a la obra que me confiaste para realizar. Y ahora Tú, Padre, glorifícame a Mí junto a Ti mismo, con aquella gloria que en Ti tuve antes que el mundo existiese".

"Yo he manifestado tu Nombre a los hombres que me diste (apartándolos) del mundo. Eran tuyos, y Tú me los diste, y ellos han conservado tu palabra. Ahora saben que todo lo que Tú me has dado viene de Ti. Porque las palabras que Tú me diste se las he dado a ellos, y ellos las han recibido y han conocido verdaderamente que Yo salí de Ti, y han creído que eres Tu quien me has enviado. Por ellos ruego; no por el mundo, sino por los que Tú me diste, porque son tuyos.Pues todo lo mío es tuyo, y todo lo tuyo es mío, y en ellos he sido glorificado. Yo no estoy ya en el mundo, pero éstos quedan en el mundo mientras que Yo me voy a Ti. Padre Santo, por tu nombre, que Tú me diste, guárdalos para que sean uno como somos nosotros. Mientras Yo estaba con ellos, los guar-

daba por tu Nombre, que Tú me diste, y los conservé, y ninguno de ellos se perdió sino el hijo de perdición, para que la Escritura fuese cumplida. Mas ahora voy a Ti, y digo estas cosas estando (aún) en el mundo, para que ellos tengan en sí mismos el gozo cumplido que tengo Yo. Yo les he dado tu palabra y el mundo les ha tomado odio, porque ellos ya no son del mundo, así como Yo no soy del mundo. No ruego para que los quites del mundo, sino para que los preserves del Maligno. Ellos no son ya del mundo, así como Yo no soy del mundo. Santifícalos en la verdad: la verdad es tu palabra. Como Tú me enviaste a Mí al mundo, también Yo los he enviado a ellos al mundo. Y por ellos me santifico Yo mismo, para que también ellos "sean santificados, en la verdad".

Mas no ruego sólo por ellos, sino también por aquellos que, mediante la palabra de ellos, crean en Mí, a fin de que todos sean uno, como Tú, Padre, en Mí y Yo en Ti, a fin de que también ellos sean en nosotros, para que el mundo crea que eres Tú el que me enviaste. Y la gloria que Tú me diste, Yo se la he dado a ellos, para que sean uno como nosotros somos Uno: Yo en ellos y Tú en Mí, afín de que sean perfectamente uno, y para que el mundo sepa que eres Tú quien me enviaste y los amaste a ellos como me amaste a Mí.

Padre, aquellos que Tú me diste quiero que estén conmigo en donde Yo esté, para que vean la gloria mía, que Tú me diste, porque me amabas antes de la creación del mundo. Padre Justo, si el mundo no te ha conocido, te conozco Yo, y éstos han conocido que eres Tú el que me enviaste, y Yo les hice conocer tu nombre, y se lo haré conocer para que el amor con que me has amado sea en ellos y Yo en ellos" Juan 17.

El Señor se interna en el *hortus conclusus*, en ese jardín cerrado, donde encuentra la mayor intimidad, para hablar con el Padre. Allí se enfrenta a su gran prueba, carga con el destino de todos los hombres. Entre susurros, mantiene una oración intra-trinitaria, sobrecogedora, luminosa, que nos ha sido en parte revelada, para nuestro consuelo y enseñanza. No hay en el evangelio un testimonio más sorprendente e íntimo del alma de Jesús, que estas palabras entre las dos personas Divinas, del Hijo al Padre. Lo podemos leer en Juan 17, será una lectura inagotable, no hay en ella facilidad, pero tampoco oscuridad, no es convencional, parece una traducción imposible, constantemente debemos volver atrás, como si perdiésemos el camino de la lectura según avanzamos, en parte porque el evangelio responde a la tradición oral y esta tiene sus propias leyes literarias, y en parte, porque estamos siendo testigos de un diálogo imposible de trasladar y comprender: ¿Cómo podemos reproducir humanamente un diálogo entre las personas divinas? Pero sorprendentemente, esta oración sublime, es clara, y en ella, se revela el misterio de la divinidad de Cristo y su voluntad de redimir al hombre.

En otro grado, esta estación nos pone en situación para asumir nuestra propia existencia como hijos de Dios. Nos enseña a orar, a enfrentar nuestro destino, a internarnos en el jardín clausurado donde se esconde la divinidad. En los misterios dolorosos, que se inician en el Getsemaní, nos debemos replegar sobre nuestra vida, agarrados a las cuentas del rosario y deshacer el camino andado en los misterios gozosos: Enfrentar la profundidad de nuestra fe, la fortaleza de nuestra esperanza, el compromiso de nuestra caridad, la pureza de nuestra obediencia, la humildad de nuestra sabiduría.

Es la hora del temor a Dios, porque en ella somos probados. El primer paso es reconocer nuestro estado, como un soldado, que en la noche antes de la batalla, se recoge en oración y examina su voluntad y el estado de sus armas. Después de todo, cada misterio gozoso, cada elevación gloriosa, ha de ser alumbrada en la hondura de nuestra alma, debe hundir sus raíces en el humus de nuestros actos vitales y de nuestra cordura. No hay elevación sin descenso, y cuanto más alto nos subimos al monte Tabor, más abajo debemos adentrarnos en el huerto de Getsemaní. Esta es la justicia, que se exige a la condición de nuestra alma herida, por el pecado o la ignorancia. Quien dice justicia, dice santidad, no hay atajos, ni evasiones, quien quiere seguir a Cristo "*que cargue con su cruz*". Lo que, a su vez, nos dice que no hay conversión noética sin expiación, que no hay posibilidad de seguir a Cristo, si no hemos desbrozado las falsedades que asedian nuestra inteligencia y nuestra conducta. Con este misterio tomamos conciencia, que ser cristiano, es un camino heroico y como un combatiente, antes de la batalla, debemos retirarnos a la soledad donde se esconden nuestros más íntimos enemigos.

Flagelación

Purgación sensitiva

Pureza

Flagelación. Purgación sensitiva. Pureza.

Nos sentimos estremecidos por esta escena. Qué escándalo para nuestra inteligencia, que Dios sea torturado. Seguir a Jesús por los misterios gozosos, por sus palabras de vida, por su ejemplo perfecto y encontrarlo ahora sometido al látigo y a la ofensa. Esta estación en su directa visualización nos deja aniquilados, como discípulos apenas podemos sostener la mirada, los propios apóstoles huyeron, se fueron acobardados, toda la Iglesia militante en aquel día, se sostuvo en la soledad de aquellas llagas interminables, en aquel martirio del Santo. Allí calló la Palabra, allí nos obliga a mirar su Madre, allí nos encontramos en intimidad y cercanía con nuestras propias ofensas, porque en esa columna, atados en conciencia, debemos exponer nuestra miseria.

Viendo sufrir al Salvador, restallan las heridas de nuestro arrepentimiento. Se vive una simpatía doliente, un interrogatorio para nuestra personalidad imperfecta. Nuestra alma tiembla y sin esta sacudida, no hay camino de conversión.

Tres son los males del alma que hay que examinar y rechazar, según la sabiduría de san Buenaventura; estos son la concupiscencia, la negligencia y la malicia. El primero de todos, incluye la lujuria, la curiosidad y la vanidad, todos estos estados producen excitación y excentricidad, en el sentido que nos apartan del centro de nuestro ser y además precisan corromper y excitar a nuestros semejantes. Para combatirlo hay que atrapar sus movimientos internos, y para ello debemos atarnos voluntariamente, a la misma columna donde Jesús sufrió el mal de los hombres. Esta es la función sanadora de este misterio, debemos combatir la concupiscencia con sobriedad y austeridad. En esta operación, descubriremos también, que solos, no podemos vencernos a nosotros mismos, como un hombre no puede atrapar su sombra. Esta columna que nos ata y nos auxilia, y que finalmente nos da la libertad, es la columna de fuego de la Revelación, es la Iglesia que viene en nuestro auxilio. Es la Madre y el Hijo, que nos recuerdan que tenemos un linaje divino y por lo tanto una herencia que conservar. Lloremos pues nuestros pecados, porque sin esta purgación no alcanzaremos la pureza.

"*Despreciable y deshecho de hombres, varón de dolores y sabedor de dolencias*" Así vio proféticamente Isaías en esta estación al Mesías. Allí debemos ir para iniciar nuestro camino de salvación, a presentar nuestra responsabilidad como hombres, ante el Sabedor de Dolores. Este camino es un descenso a la Noche Inferior, como la denominó san Juan de la Cruz, a la gruta donde escondemos nuestras miserias, para sacarlas a la luz de la purgación sensitiva. Después de todo, no hay peor enemigo, que el que mora en nosotros mismos.

Coronación

Purgación del alma

Mansedumbre

Coronación. Purgación del alma. Mansedumbre.

El Señor es coronado, aunque los soldados en su ignorancia, no saben que lo hacen. Si el Reino no es de este mundo, como anunció Jesús a Pilatos, la coronación del Rey debe tener una ceremonia ajena a las leyes y costumbres de este mundo. Una ceremonia que simbolice lo que Cristo nos anuncia; un rito secreto a los ojos del enemigo, pero que es evidente a los ojos del santo, un rito que ilumine la ley sin abolirla, un rito que escenifique las bienaventuranzas y sus promesas de gloria para los pobres, los mansos, los puros, los justos, los misericordiosos, los leales.

Contemplando esta aparente parodia, comprendemos que estamos ante una coronación consecuente, perfecta, profunda. Pero para ello, es necesario comprender que el evangelio desborda la racionalidad, las expectativas de los sabios o las convenciones de los poderosos, que transita entre las costuras de lo incomprensible, lo sublime o lo escandaloso, pero con la finura y centralidad de la santidad.

Su corona nos coloca en el momento del exilio humano del paraíso, cuando Dios anunció para la descendencia del hombre "*espinas y zarzas*" por causa del pecado. Espinas que Jesús desarma de su egoísmo herido, en la fortaleza invencible de su mansedumbre, dado que lo que "*ha sido asumido, ha sido redimido*" según la fórmula de Gregorio Nacianceno. "*El que moró en la zarza*", es uno de los nombres de Dios, según queda testimoniado en Deuteronomio 33, 16. Por lo que el Señor quiso mostrarse ardiendo sobre una zarza, alumbrando y redimiendo los sufrimientos del hombre. Si Moisés contempló la llama Eterna, que no consumía la modesta zarza del desierto, nosotros podemos contemplar a Jesús como se hace enteramente fuego de Mansedumbre, para consumir el pecado de todos, en una ofensa que Él transforma en regalo regio.

Cada espina es nuestro orgullo y nuestra vanidad, por eso en esta estación, uno ingresa en la introspección de la noche espiritual, según la terminología de san Juan de la Cruz, donde ha de ser purgada el alma. Noche de discernimiento y humildad, donde san Pablo descubrió la siguiente verdad: "*Tengo una espina clavada en mi carne, un ángel de Satanás que me hiere. Tres veces pedí al Señor que me librara, pero él me respondió: «Te basta mi gracia, pues en la flaqueza se perfecciona la fuerza»*" 2 Corintios 12.

Veamos finalmente, la relación entre la zarza ardiente y la corona de zarzas, en el fuego santo de la mansedumbre. Porque esta para hacerse visible, necesita un combate que la saque a la luz, un combustible que la avive, y este alimento lo obtiene de la ira, el orgullo, la vanidad, que son las espinas del alma extraviada. La mansedumbre es aquí quietud reposada, respiración serena, fuerza que nos une al centro del ser, con una gravedad ontológica. Su fuego que no abrasa, es por tanto serenidad y resistencia al acto hostil; venga de las manos de un soldado embravecido, o venga de nuestros propios movimientos internos. Este es el fuego que arde sin descanso cuando nos acercamos a Dios. Que cuando actúa, lo llamamos llama, porque purifica todo sufrimiento. Es también, como en el símbolo solar, luz que no agota la naturaleza, como en la epifanía de la zarza, donde el fuego no consume la materia vegetal. Virtud que permanece sustentada sobre sí misma, en la tiniebla de Dios. Ante esta modesta zarza del desierto, Moisés se descalzó y con sus púas, Jesús fue coronado. El soldado que somos cada uno de nosotros, exclamamos ¡Salve, Rey! porque la mansedumbre es el regente de todo gobierno en la ciudad del alma.

Cruz

Anonadamiento

Humildad

Cruz. Anonadamiento. Humildad.

La cruz es el símbolo quintaesencial del cristiano. Vemos a Jesús completar su obra con su cruz a cuestas, y no siempre comprendemos la fuerza impactante de esta escena. San Pablo ya nos avisó que en ella había necedad y escándalo para el mundo.

Con la cruz debemos enfrentar todas las teorías que tengamos sobre la divinidad, sobre la justicia, sobre el gobierno, sobre la belleza, sobre la realidad última del hombre. Al sufrimiento se nos ha dicho, que se vence con indiferencia, al modo estoico, con placer, al modo epicúreo, con agudeza para desentrañar su condición ilusoria, al modo budista, con voluntad de hierro, al modo convencional, tal vez con simulacros y evasivas al modo moderno. Pero Jesús nos dice a todo esto, que ese no es su camino.

Nos lo ha ido predicando: "*Si alguno quiere venir en pos de Mí, renúnciese a sí mismo, tome su cruz ca-*

da día, y sígame". "Porque todo el que quiera salvar su vida, la perderá; y todo el que pierda su vida por causa de mí, éste la salvará". "Entrad por la puerta estrecha; porque ancha es la puerta, y espacioso el camino que lleva a la perdición, y muchos son los que entran por ella". También llamó bienaventurados, a los que lloran, a los que son perseguidos, porque ellos alcanzarán el Reino. Para el cristiano el sufrimiento está sobre sus propios pasos, es una realidad ineludible de santificación, es una condición fundante de su propia personalidad; que no se vence, ni se olvida, ni se elude, ni se puede uno proteger desde el artificio, la voluntad o la imaginación.

¿Cómo entonces cargamos con nuestras cruces y soportamos nuestras pruebas, hasta el supremo sufrimiento de la muerte? Con Cristo mismo. Por primera vez en la historia del hombre, Dios mismo nos ofrece su apoyo, se abaja a nosotros, nos envuelve con su fortaleza, y nos hace que el yugo sea suave.

Un Dios que anida en la herida de nuestra personalidad incompleta, y la sutura con su amor. Un Dios que sana el abismo por donde se desangran los días. Un Dios que, con la cruz a cuestas, nos detiene para que observemos "*los lirios del campo*", hasta elevar el peso de nuestro temor, a la gloria de la levedad más dulce. Porque en Cristo todo se mide en sus fines y el Gólgota es transformado en monte Tabor.

Porque en Cristo se hace realidad el hombre universal, que no es otro que nuestra personalidad completa, deificada, participante de la unidad. Pero para llegar a esta cumbre, hay que anonadarse, hacer sitio, confiarse a su torrente de gracia, cambiar nuestro corazón mortal, por el inmortal de Jesús, como en las letanías del Sagrado Corazón de Jesús: "*Haz mi corazón semejante al tuyo*".

Para llegar a esta plenitud, debemos recoger todo lo que anida en nuestra alma, y hacer de ello un holocausto, siguiendo el método del profeta David:

"Mi sacrificio, oh Dios, es el espíritu compungido; Tú no despreciaras, Señor, un corazón contrito y humillado".

El rosario es todo él, en cada una de sus modestas cuentas, un ir negándose a uno mismo, cayendo y levantándose: recibamos la ayuda de un Cirineo o estemos en la más oscura de las soledades. Paso a paso, una cuenta tras otra, ahondando en la Cruz que es nuestra condición de personalidad lastimada por el pecado, limitada por nuestra ignorancia, huérfana por nuestra soberbia.

Esta negación, de toda la paja que nos separa del grano, Clemente de Alejandría lo llamaba la "*muerte gnóstica*". Decía Dionisio el Areopagita: "*Es mejor ser de Dios que de nosotros mismos*" y lo decía a propósito del proceso intelectual, por el que podemos captar las luces divinas, que, al ser superiores y por lo tanto ininteligibles, no las podemos entender, pero sí unirnos a ellas. Esa unión, es una forma elevada de gnosis, por eso concluía que había que suspender nuestras capacidades y hacernos capacidad en Dios.

El cargar con la propia cruz, es en este grado, la vía intelectual negativa, llamada apofática. Aquella que se aparta del conocimiento visible y asciende en tinieblas. Desprendiéndose de toda querencia por uno mismo. Ofreciendo a cada paso nuestra voluntad. Renunciando a la razón positiva, o a la pretensión de creer que andamos guiados por una cartografía de auto-realización. Quemando con serena confianza, todo mapa que presuma de mostrar los valles fecundos del misterio. Apoyados en la cruz como cayado, con el oído atento para escuchar las luces "de *extraordinario resplandor que provienen de lo alto*".

Cargar con la cruz es, por tanto, una manera de mortificar el intelecto, de purificar la inteligencia. De sanar nuestra alma, al unirnos al sacrificio de Jesús, dejando que los "*muertos entierren a sus muertos*" y experimentando en este ascenso al Gólgota; que finalmente no es uno el que carga la cruz, sino Cristo que vive en nosotros y nos alumbra: "*Con Cristo he sido crucificado, y ya no vivo yo, sino que en mí vive Cristo*" Gálatas 2, 20.

En esta vía, la muerte del Señor en la cruz, como veremos en el siguiente misterio, sería la "*locura de Dios*" la verdad perturbadora cristiana, que a tantos parece escándalo o necedad. En la cumbre de este ascenso, por las nadas de la vía apofática, nos encontramos con el rostro de Cristo muerto en la cruz, y podemos decir, que si Dios es la tiniebla incognoscible, que se esconde más allá de la muerte, su Hijo es la Verdad, que nos sale al encuentro, que se vuelve sujeto comprensible, deseable, dialogante, real y por lo tanto manifestación catafática* o positiva.

"*El Dios escondido*" que se muestra como una lámpara "*sobre el candelero, para alumbrar a los que entran*", se hace visible en la humanidad de Cristo, y nos guía a esa divinidad que se palpa desde el estado de unión, que toda persona tiene en alguna medida. Jesús es nuestro mediador, la verdad hecha sujeto, porque "*nadie conoce al Padre sin el Hijo, y aquellos a los que el Hijo se lo quiera revelar*".

Muerte

Metanoia

Amor

Muerte. Metanoia. Amor.

"*Cuanto más muere uno a sí mismo, tanto más comienza a vivir para Dios*" Tomás de Kempis.

Lo natural y lo sobrenatural, tienen su propia naturaleza interna, sus modos diferentes de actuar y hacerse comprensibles. La operación principal para el conocimiento natural, parte de los sentidos, es un "*ver para entender*". En las ciencias sobrenaturales, el camino es inverso, el hombre debe entender si quiere ver, y por eso se llama a la fe virtud teologal, y en el rosario es la primera de todas sus meditaciones. Clemente de Alejandría llamaba esta operación de "*boca a oído*", dado que la tradición nos instruye y el Espíritu Santo nos comunica sus secretos, ambos en la intimidad de una instrucción pedagógica. David en sus salmos nos aclara esta relación: "*En tu luz (Señor) vemos la luz*" Salmo 35. La divinidad engendra en nosotros esta capacidad sobrenatural, y esta operación, se llama conversión a la fe, sin ella toda visión natural se vuelve opaca.

Vemos a Jesús muerto en la cruz y sabemos que es Dios quien ahí *duerme*. Una imagen tan sobrecogedora y paradójica que sobran comentarios, e incluso en un primer nivel de piedad, es mejor callar y esperar, como la Virgen María a los pies de la cruz. Dios calla y el mundo tiembla. El Logos se vela y es recogido, en el primer sagrario de las entrañas doloridas de la Dolorosa.

Allí estará escondido, hasta la resurrección y el nacimiento de la Iglesia. Los apóstoles huyen, sus discípulos se dispersan, los amigos preparan el sepulcro. Ninguna religión nos ha donado una escena de catalepsia* cósmica tan impactante, ninguna religión puede ofrecernos una ofrenda divina tan perfecta: El Hombre Universal abierto de brazos, clavado a su misericordia, mirándonos con los ojos callados, inmóvil en el centro del mundo, que es lo que significa etimológicamente Gólgota. Llamándonos con su boca sellada, amándonos con su corazón atravesado y suspenso, coronado con las espinas de nuestras faltas. Los que ahora anuncian que la historia ha muerto hay que recordarles que ya murió en Jerusalén, el día que condenamos al Hijo de Dios, el Justo. Desde entonces vivimos un tiempo de espera.

Resurrección

El hombre nuevo

En el Padre

Resurrección. El hombre nuevo. En el Padre.

"Vana seria nuestra predicación si Cristo no ha resucitado", decía san Pablo. Sin esta verdad, todo el cristianismo se desmoronaría y la fe que lo sustenta perdería su centro de gravedad, su destino propio. La resurrección es la esperanza de nuestra peregrinación mortal, la confirmación de que somos criaturas queridas y selladas con la imagen de la divinidad. Es la confirmación de que participamos en una existencia trascendente, con todas las consecuencias morales, de conocimiento, de bondad y de belleza, que se infieren de esta continuidad más allá de la muerte. Si solo fuésemos criaturas efímeras, no tendría sentido una vida de culto espiritual, la vida sobrenatural quedaría cercenada, el poder de Dios extinguido, la realidad humana devastada por el hodiernismo*, los evangelios serían literatura con exigencias inacepta-

bles, la muerte de Cristo, un acto de fanatismo y posiblemente el único que se mantendría en pie sería Pilatos, que al lavarse las manos de toda esta realidad, nos invita a esconder nuestra suciedad, con la astucia del que solo cree en la necedad de los otros y en la rentabilidad de sus deseos.

Si la fe es la virtud que inicia los misterios gozosos, la resurrección es el primer fruto de los dones que se muestran en los misterios gloriosos. La fe es un mensaje que sobrevuela la conciencia religiosa, como un ave, que va cosechando materiales espirituales, para con ellos construir un nido en la vida eterna. Hay por lo tanto una relación directa entre virtud y trascendencia, entre gozo y gloria, entre el laboreo inmanente del alma y la cosecha plena en los ámbitos de la vida trascendente.

En esta estación, donde vemos a Cristo andando por el camino de Emaús, visitando a sus discípulos, abandonando el sepulcro y dejándolo vacío, a quien miramos es al Dios creador que vence a la muerte. Esta doctrina es privilegio del Padre, y es por tanto motivo para meditar en la Primera Persona de la Trinidad. En la Ascensión contemplaremos al Hijo y en la tercera de las meditaciones al Espíritu Santo, mostrando la singularidad de cada una de las Personas divinas y afirmando su unidad de naturaleza. Veremos también cómo de cada Persona, emana una luz propia, que se refleja como en un espejo en cada virtud teologal. Si ahora vemos cómo la fe se relaciona con el Padre y con la Resurrección, en la Ascensión veremos esta relación trasmutada a través del Hijo en esperanza, y en Pentecostés, por obra del Espíritu en caridad. Pero, además, como estas realidades están en íntima relación y diálogo, podemos meditar cómo el Padre fundamenta la fe como **verdad**, en el Hijo la fe traza su **camino** de salvación y como el Espíritu nos susurra en cada latido de nuestra conversión, los dones que dan **vida** a la fe; para que sea primicia de la resurrección antes de la muerte. Preparación para que este suceso radical, nos encuentre dispuestos.

Ascensión

Atracción divina

Hacia el Hijo

Ascensión. Atracción divina. Hacia el Hijo.

En los místicos es recurrente la experiencia arrebatada del éxtasis como elevación. Una experiencia siempre lacerante y gozosa, asombrosa cuando hay testigos y revestida de pudor, en el alma que la vive en secreto. Esta laceración tiene algo de desprendimiento intenso, tal vez porque ser elevado contradice las leyes de gravedad y las tendencias naturales de nuestra carne, y cuando una persona se eleva gratuitamente por la gracia del cielo, debe desprenderse de su propio peso, y esto es motivo de un dolor pasivo que queda acunado, contenido, en un gozo vibrante. Experiencia toda ella de la ambivalencia del sufrimiento, de su fuerza dinámica, de su raíz purificante, donde se verifica que el gozo resuena como un tambor, cuando nuestra piel existencial se tensa por su condición sufriente y mortal. Para llegar a la ingravidez, debemos abandonar todo peso que nos ata al mundo. Para llegar al Padre, lucernario en la bóveda de nuestra contemplación, debemos sostenernos en los arbotantes que nos ofrece la intimidad en Cristo.

En la Ascensión, algo nuestro se eleva con Jesús, con cada cuenta que pasa por nuestros dedos, se humedece con dulzura nuestra lengua, somos materia que ayudan a construir esa espiral, que levanta la cúpula de la Iglesia. Somos llevados, somos guiados y en este camino espiritual, debemos ayudar con nuestras obras, con nuestro oficio, con nuestro discernimiento, con nuestro deseo de elevación. Este misterio, segundo de los misterios gloriosos, se relaciona con la segunda virtud de los misterios gozosos, porque la esperanza es virtud dinámica, que se eleva sobre la pesadez del mundo. Con la esperanza desarmamos el desánimo, corremos al encuentro del que viene a nuestro encuentro, para que enhebre con el hilo de oro de la fe este mundo y el póstumo.

Y finalmente, siempre que somos elevados, somos también descendidos, a la realidad de nuestra misión terrenal. Como en el momento de la Ascensión, los ángeles nos apremian: "*¿Por qué quedáis aquí mirando el cielo?*" Hech 1, 11. Igualmente, la Virgen María, no se demoró en la experiencia de su fecundidad divina, sino que como nos cuenta los evangelios, se dio prisa en visitar a su prima. Simbólicamente esta doble dirección queda expresada en la cruz, donde hay una línea ascendente y otra terrenal, una que mira al Señor cómo se oculta "*detrás de la nube*" y otra que nos urge a dar voz a la Palabra.

Pentecostés

Dones del Espíritu

Con el Espíritu Santo

Descenso Espíritu Santo. Dones del Espíritu. Con el Espíritu Santo.

La divinidad está presente en toda la creación, pero como nos recuerdan los Padres, solo inhabita en el corazón humano que permanece puro: "*Si alguno me ama, guardará mi Palabra, y mi Padre le amará, y vendremos a él, y haremos morada en él*" Jn 14, 23. "*Se dice que las divinas Personas habitan en cuanto que, estando presentes de una manera inescrutable en las almas creadas dotadas de entendimiento, entran en relación con ellas por el conocimiento y el amor*" Pío XII.

Este gozo oculto en las profundidades del hombre, se manifestó desbordado en Pentecostés, fue tal la intensidad de este descenso del Espíritu Santo, que los apóstoles tuvieron la inspiración para cambiar el mundo. "L*a gracia del Paráclito fue tan copiosa que rebosó en los labios y en los corazones de los apóstoles,* *de tal manera que sus palabras no carecieran de valor, ni su valor careciera de palabras*" Máximo de Turín. Que aquellos hombres sencillos e iletrados, se hicieron maestros de la escritura y tocados con el don de la autoridad, muestra el poder divino para hacer de un alma incompleta, casi esbozada, una personalidad irradiante y plena.

En Pentecostés se comunica el misterio Trinitario, la verdad de la *in-habitación* de las Personas divinas en el corazón del hombre, y públicamente nace la Iglesia Universal con el don de lenguas. Como confirmaba Orígenes, esto es posible después del ascenso de Jesús a los cielos, para cumplirse la profecía de Joel: "*Sucederá en los últimos días que derramaré mi Espíritu sobre toda carne y profetizarán*". Aquél día fue tan desbordante, que todos los presentes vieron, oyeron, gustaron y comprendieron que el Espíritu les comunicaba una nueva Vida, quedando todos impresos en ella, e incluso la casa donde estaban y el barrio donde moraban: "*quedaron revestidos en cuerpo y alma por una vestidura divina y salvadora*" Cirilo de Jerusalén.

Desde ese día, el cristiano tiene en el hondón de su corazón al gran Consolador, el comunicador de dones, el susurrador de secretos, el precioso inquilino que "*mora con vosotros y en vosotros está*" Juan 14, 17, el inefable guía, el santificador. Aquél que da testimonio de Jesús, el "*dador de Vida*", que en la Anunciación descendió para engendrar a Jesús, en el sagrario de María. Descenso divino del Hijo, posterior al descenso de Dios Padre en la creación y ambos anteriores a este tercer descenso del Espíritu.

Descensos que son, en un juego de espejos, ascensos a la gracia santificante, a las ciencias divinas del Reino, a las alturas donde arde el fuego divino. Descenso finalmente de cada creyente, que ha de abajarse también a este pesebre primordial, y allí *manso y humilde* poner su oído al diálogo callado entre las personas divinas. ¿Cómo es posible que Dios habite en el corazón humano, en tan modesta y limitada morada? En la escritura se nos aclara este tremendo desafío. Ciertamente en una casa común, como metáfora del alma ordinaria, la divinidad no permanece o mejor dicho no se hace Presencia, para que esto ocurra, la modesta casa se debe convertir en templo. Con esta reforma profunda, que ya presupone que el alma está llamada a ser sobrenaturalizada, se abre paso la Trinidad dentro del tabernáculo del corazón humano. Esta verdad del cristianismo, que ya se conoce en otras tradiciones, y de la que hay noticias en las religiones más primordiales, recorre la historia del hombre como una *religio perennis*: El hombre en su brevedad, es capaz de contener al Infinito, el hombre en su pequeñez, es capaz de alojar al Eterno, el hombre en su ignorancia, es capaz de dialogar con el Sabio.

Pero estas operaciones han sido siempre precarias, oscuras, en una relación que casi desmentía su posibilidad real; al enfatizarse su imposibilidad, al recordarnos que eran esporádicas, infrecuentes, en gran medida temibles y en los dioses paganos poco deseables. Es a partir de este descenso Trinitario, cuando podemos tener una comprensión mayor de estas operaciones, que precisamente para que sean efectivas y reales, precisan de una metafísica trinitaria, para salvar el abismo entre la criatura y el Creador. Con el cristianismo se revela esta verdad, además se puede afirmar que se hace universal, accesible y lo que es más admirable; amigable y gozosa. Dado que a partir de la encarnación y de Pentecostés, Dios se presenta como Padre, el Hijo se presenta como Esposo y el Espíritu como Amigo, y todo esto solo lo ofrece como un don el bautismo cristiano.

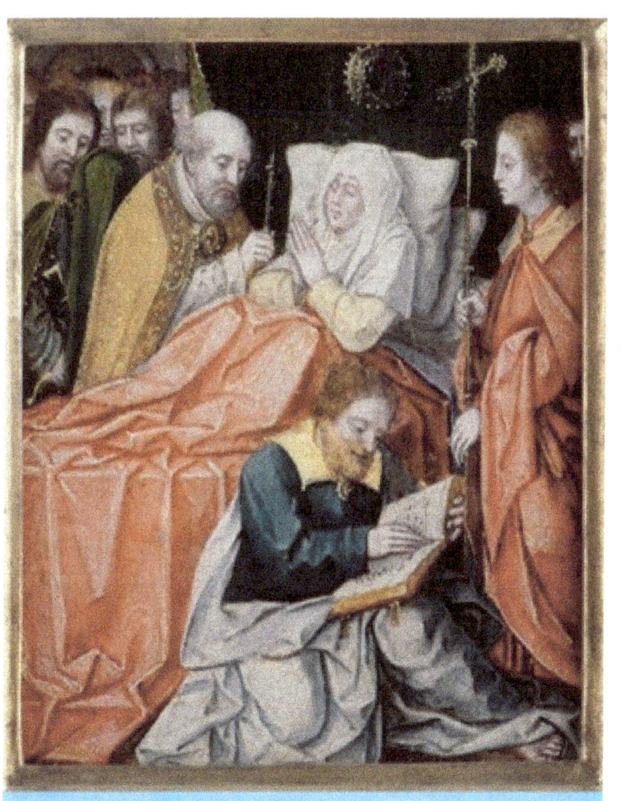

Asunción

Absorción

Jerarquía angélica

Asunción. Absorción. Jerarquía angélica.

"*La jerarquía es un orden sagrado, un saber y actuar asemejado lo más posible a lo divino y que tiende a imitar a Dios en proporción a la luz que recibe*" Dionisio Areopagita.

La jerarquía responde al principio mismo de la **libertad**, dado que da a cada cual según su capacidad. Y *mutas mutandi*, es también un don del **amor**, porque se adapta a toda personalidad y desde ahí lo quiere elevar a algo mejor, como los amantes desean lo mejor y el bien para su amado. Como **amistad** suprema hay duración, intercambio e irradiación, dado que no hay apropiación ni servidumbre. Todo en el rosario camina en esta dirección y la figura del ángel es clave, como mediador y mensajero del Logos.

En la Asunción la Virgen María, glorificada en la plenitud de su personalidad completa, por obra de su pureza inmaculada –*Gratia Plena*– contemplamos esta Jerarquía hasta su coronación. La Virgen, que se convierte en la Reina de los Ángeles, subsume toda esta realidad de luces sobrenaturales, en su asunción al Cielo.

Veamos su elevación jerárquica de modo resumido, según la teología mística:

1. **Ángeles**: Los más próximos al hombre y la creación. Ellos reciben las iluminaciones superiores, las hacen accesibles y penetran en toda la creación. Este es el reino donde lo material se espiritualiza y lo espiritual se hace inteligible; es el ámbito de la experiencia visionaria.

2. **Arcángeles**: Algunos hombres han podido alcanzar su visión, normalmente como preparadores del profetismo y anunciadores de una revelación de carácter importante, es el caso de las apariciones marianas, donde un arcángel prepara y alecciona a los videntes antes de la

manifestación de la Virgen María. Ellos unifican a los ángeles y reciben sus luces de los Principados.

3. **Principados**: Su nombre es una derivación de príncipes y por eso velan por el gobierno de los pueblos y de las almas. Son los guías de los principios, de los fundamentos que conducen nuestros actos a Dios.

4. **Potestades**: Son el reflejo perfecto de la fuente de todo Poder divino.

5. **Virtudes**: Nos alientan con la fortaleza viril inflexible, donde no hay fatiga, debilidad ni concupiscencia. Son los imitadores del Verbo.

6. **Dominaciones**: Perfecto dominio en la participación de la divinidad. Son el secreto más alto de la libertad.

7. **Tronos**: Como portadores de Dios, son la inmutabilidad perfecta, inmóviles en la contemplación.

8. **Querubines**: Su nombre significa efusión de Sabiduría. Ellos son los que conocen y ven a Dios.

9. **Serafines**: Luz y calor divinos, que penetran toda tiniebla y enardecen todo lo que tocan. Los más íntimos con Dios.

Veamos esta ascensión por las jerarquías, en sentido inverso, según el esquema que nos ofrece san Buenaventura:

Serafines: Beso de amor.

Querubines: Contemplación.

Tronos: Sacrificio y alabanza.

Dominaciones: Mortificación.

Virtudes: El celo y la emulación.

Potestades: La Verdad como refugio.

Principados: Ejemplo y predicación.

Arcángeles: El estudio. La revelación.

Ángeles: El gemido de la oración.

En esta estación de la Asunción escatológica, podemos percibir los siguientes tres actos jerárquicos:

La purificación; que produce como un fruto la paz.

La iluminación; que gesta la verdad.

La perfección; que hace brotar la caridad.

Estos actos son correlativos a los tres métodos propuestos: el moral, el anagógico y el contemplativo.

Esta estación está en relación con el Rosario de la Ángeles o de San Miguel, siendo este, como un fruto o ramaje que profundiza paso a paso, en las nueve jerarquías de ángeles.

Coronación

Perfección

Unión

Coronación. Perfección. Unión.

El método del rosario: cuando llegamos a la coronación, descendemos al Getsemaní y empezamos desde el principio, regresamos a la Anunciación y volvemos a recorrer todos los misterios. Todo lo que se pueda decir de esta coronación, de esta unión, que es un misterio velado para el tálamo nupcial de la inhabitación Trinitaria, se ha cantado en los límites del lenguaje humano en el Cantar de los Cantares. Por lo que finalmente ante la Santísima coronada, lo mejor es el silencio expectante, a la espera de las noticias, que han de ir acompañando nuestro peregrinaje, hasta el fin de nuestros días y más allá.

Conclusión final

"Pero María retenía todas estas palabras ponderándolas en su corazón"
"su madre conservaba todas estas palabras (repasándolas) en su corazón"

Este es el método del rosario, se puede decir que, de este repaso o ponderación, que nos cuenta el evangelista Lucas, nace o brota el rosario. La repetición constante del rosario, como en todo rito sagrado, nos saca de la linealidad del tiempo, y nos da la consistencia necesaria para romper el hechizo del pecado. Una vez inmersos en ese otro tiempo, donde se rumian las luces sobrenaturales, en el tapiz de los acontecimientos diarios, entramos en los jardines escondidos de la vida espiritual.

Glosario

Apofático: Teología negativa. Es una vía que se acerca al encuentro con Dios, apartándose del conocimiento positivo. La divinidad es incognoscible y el intelecto humano no puede aprehenderlo. Destacan en esta perspectiva Dionisio el Areopagita, San Agustín o la Escuela Renana, por citar tres estilos distintos de teología negativa. El sentido central sería que renunciando a cualquier idea preconcebida que tengamos de Dios, desnudando nuestros pensamientos humanos y finitos, podemos sumergirnos en la inefable "*oscuridad del no-saber*". "*Nadie ha visto jamás a Dios*" (1 Jn 4, 12).

Catafático: Teología afirmativa, en este sentido se mueve en la dirección opuesta de la apofática. Serían los aspectos accesibles a la razón en la acción divina, como la creación.

Catalepsia: En sentido clínico es una pérdida momentánea de la movilidad. En el sentido figurado de nuestro texto, sería un sobrecogimiento que afecta a toda la creación.

Gnoseológico: Relativo al conocimiento.

Gnóstico: En sentido etimológico, el que adquiere conocimiento, dado que eso significa la palabra griega gnosis. Así lo utilizaron los Padres de la Iglesia y es un uso correcto y sin tacha. Pero más adelante, los propios Padres empezaron a ver escuelas que abusaban o fantaseaban en el uso de esta facultad. Así, fueron surgiendo distintos gnosticismos claramente heréticos que compartían algunos rasgos comunes; como elitismo, constitución de sociedades secretas, voluntarismo intelectual, dualismo, desprecio del mundo creado, etc. En nuestro escrito cuando decimos gnosis lo utilizamos en el mismo sentido que Clemente de Alejandría o Ireneo: como conocimiento de Dios o de la doctrina.

Hierogamia: Del griego "hierós gamos" matrimonio sagrado o boda santa. En mística se refiere a la unión del alma con Dios, también de Cristo con la Iglesia o el enlace sobrenatural de la Virgen con el Espíritu Santo. En nuestro texto, nos referimos específicamente, al acto de conexión profundo y místico entre el nombre divino y su presencia real.

Hílico: Se refiere a la parte material o corporal del hombre. Aclaremos que no proponemos recuperar la tricotomía teológica, que distinguía tres sustancias en el hombre. Más bien, pretendemos distinguir aspectos y funciones que se derivan o relacionan con el cuerpo, y estas, las podemos a su vez diferenciar, de aquellas otras de carácter racional y de las que se mueven en el ámbito más propiamente espiritual. Así podemos distinguir personalidades más físicas, otras más intelectuales, o aquellas más inclinadas a la vida espiritual. También dentro de una misma persona, observamos rasgos que se inclinan en una dirección u otra. No obstante, la teología católica insiste en entender la naturaleza humana como una unidad y por gracia del misterio de la encarnación, no se debe presuponer que lo corporal sea inferior a lo espiritual. Siempre claro que todos estos aspectos estén orientados a la santidad.

Hodiernismo: Adjetivo que se refiere al día de hoy, como las teorías que fijan su especulación en el tiempo presente. En el sentido de nuestro texto, los que se encuentran atrapados en lo actual. Esto es propio del progresismo como ideología.

Hortus conclusus: Del latín huerto cerrado o jardín privado. Fue un tema recurrente del arte cristiano, que representa a la Virgen María en un espacio velado y paradisiaco, aludiendo a su pureza. Su origen está en el Cantar de los Cantares: "*Huerto cerrado eres, hermana mía, esposa, jardín cerrado, fuente escondida.*"

Imaginal: Es un neologismo, que pretende distinguir la imaginación "verdadera" de lo que sería la fantasía. La tomamos prestada del erudito francés Henry Corbin, de sus estudios del mundo del ángel. Sería la imaginación realizada, objetivada, revelada, sobrenaturalizada, lo que en la tradición mística se llama el mundo visionario.

Incantación: La acción o el efecto de encantamiento, en este caso por la repetición o salmodia de una oración. La repetición de las oraciones, producen un estado de absorción, concentración, de cierto embelesamiento.

Kenosis: Del griego vaciamiento. En la teología cristiana es el proceso de abandono en la voluntad de Dios, para ser totalmente receptivo a su gracia.

Noético: Para Aristóteles la doctrina de la inteligencia, esto es de lo inteligible.

Óntico: Del ser o relacionado con él.

Pneumatológico: Siguiendo el razonamiento anterior, sería la personalidad que se orienta principalmente hacia lo espiritual. Pneúma, es una palabra griega que significa espíritu, hálito, soplo... En teología cristiana, lo pneumatológico es lo relacionado con el Espíritu Santo.

Sacramentum: Sacramento en latín. Es un signo sensible y eficaz de la gracia invisible de Dios. Con este signo se hace santo el hombre, en los sacramentos de iniciación, de curación y de servicio.

Saṃsāra: Es el ciclo de nacimiento, vida, muerte y resurrección en las tradiciones orientales y en algunos movimientos gnósticos y sistemas antiguos. Sin entrar en la dificultad de explicar brevemente el concepto de reencarnación, dado que se ha abordado de distintas maneras, se ha asumido a nivel popular, como un ciclo cerrado de retorno a la existencia, hasta romper su circularidad por la iluminación.

Teosis: Para los teólogos ortodoxos, la teosis está asociada a la salvación. Como hijos de Dios, a través del bautismo, estamos llamados a unirnos a Dios, a compartir la Vida con la Santa Trinidad. Este concepto se debe asimilar siempre a la adopción, a la intermediación de Jesucristo y a necesidad de estar participando en la realidad orgánica de la Iglesia. Atanasio nos dice que la *theōsis* es «convertirse por gracia en lo que Dios es por naturaleza» Es muy frecuente, dentro de las escuelas heréticas, abordar la teosis, como deificación en la esencia de Dios, o directamente entenderlo como divinización del hombre, como si el hombre pudiese transformarse en dios.

www.ingramcontent.com/pod-product-compliance
Lightning Source LLC
LaVergne TN
LVHW021717230826
846091LV00003BA/656

* 9 7 8 1 7 3 2 2 8 8 6 9 0 *